农村法律小帮手系列

农村债务问题法律小帮手

主　编　黄志强

撰稿人　黄志强
林青山
林　林

厦门大学出版社

农村法律小帮手系列丛书编委会

顾　　问　林光大

总 主 编　张延灿

副总主编　吴玉腾　余文唐

执行主编　余文唐　潘　峰

编委会成员

林光大　中共莆田市委副书记、市人大主任、市委政法委书记
张延灿　莆田市中级人民法院院长
郑祖杰　中共莆田市宣传部副部长
陈兆文　中共莆田市委政法委常务副书记
陈鸿锁　莆田市人大内司委主任
吴玉腾　莆田市司法局局长
陈福郎　厦门大学出版社总编辑
蒋　月　厦门大学法学院教授
余文唐　莆田市中级人民法院研究室主任
潘　峰　厦门大学法学院教师

作人员对农村常见问题进行解答。本丛书的出版，将给农民朋友提供浅显易懂、贴近农村生活的实用法律丛书，改变农村书屋中摆放的法律图书大多是内容较生涩的法学教材或法规汇编、而适合农民朋友阅读的图书种类却相对匮乏的状况，促进“农家书屋工程”建设的健康顺利进行。

本书的作者是：黄志强，莆田市涵江区人民法院；林青山，莆田市中级人民法院；林林，莆田市人大常委会。

张延灿　谨识

2010 年 6 月 10 日

前言

农村是我国经济社会稳定发展的重要基础。农村社会治安综合治理的成效如何、农民朋友的法律素质是否得以普遍提高，直接影响着我国经济社会的稳定与发展。因此，提高农民朋友的法律知识和法律意识，减少和化解农村纠纷，便成为社会主义新农村建设的题中之意。“五五普法”将开展“法律进乡村”活动列入其主要任务之一，这是保持农村改革发展稳定的重要举措，对于促进社会主义新农村建设意义重大。

为配合新闻出版总署推出的“农家书屋工程”建设，厦门大学出版社积极推出“农村法律小帮手系列”丛书。丛书共12册，分别为：务工问题法律小帮手、农村婚姻问题法律小帮手、农村继承问题法律小帮手、农村治安问题法律小帮手、农村纠纷解决法律小帮手、土地承包法律小帮手、村民自治法律小帮手、农村生产经营法律小帮手、农村债务问题法律小帮手、农村消费维权法律小帮手、农村房屋纠纷法律小帮手、农村刑事犯罪问题法律小帮手。

本丛书力图摆脱教材式的说教写法，少用晦涩难懂的法律术语，从农村生活中实际可能遇到的法律问题出发，以农村常见法律纠纷和法律事务为主要内容，通过具体、生动的案例和通俗易懂的表述，以生动活泼的形式向农民朋友详细介绍涉农法律常识，使农民朋友在轻松愉快的阅读中了解法律基本知识，懂得如何使用法律维护自身权利，切实帮助农民朋友解决农村生活和新农村建设中遇到的实际法律问题，是普及农村法律知识，帮助农民朋友学法、懂法、用法的有益工具。

本丛书由厦门大学法学院和莆田市中级人民法院、莆田市司法局等法律实务部门联合编写，由专业学者、法官和从事司法实务的工

序

在厦门大学出版社的积极倡导和精心策划下，历时近半年，由厦门大学法学院和莆田市中级人民法院、莆田市司法局等法律实务部门联合编写的“农村法律小帮手系列”丛书终于付梓了。在这值得庆贺的日子里，受厦门大学出版社的盛情邀请，我欣然以丛书顾问名义为之作序。

“农村法律小帮手系列”是一套面向农民朋友的普法丛书。与这一特定的读者群相适应，本丛书具有鲜明的特色：一是实用性。从农村生活中实际可能遇到的法律问题出发，以农村常见法律纠纷和法律事务为主要内容。二是专业性。由专业学者、法官和其他从事司法实务的工作人员对农村常见问题进行法律释明。三是可读性。写作形式以农村真实案例的介绍和分析为主，贴近农民、贴近农村生活。四是简明性。摆脱教材式的说教写法和晦涩难懂的法律术语，以通俗易懂、简明扼要的语言介绍涉农法律常识。

本丛书以切实帮助农民朋友解决农村生活和新农村建设中遇到的实际法律问题为宗旨，力图使农民朋友在轻松愉快的阅读中了解法律基本知识，懂得如何运用法律维护自身权益、解决农村生活中的实际法律问题。本丛书将成为普及农村法律知识，帮助农民朋友学法、懂法、用法的良师益友。几年来，在农村法律知识普及方面，许多农家书屋内摆放的法律图书大多是内容较生涩的法学教材或法规汇编，大多数农民朋友阅读起来有一定困难。因此，本丛书的问世，将给农民朋友提供浅显易懂、简明实用的法律丛书，是对“农家书屋工程”的有益补充。

开展“法律进乡村”活动，加强农民法制宣传教育，着力提高农民法律素质，是被首次列入“五五普法”的重要任务，是保持农村改革、发展、稳定的重大举措，也是促进社会主义新农村建设的题中之义。今年是“五五普法”的总结验收年，紧接着就要启动“六五普法”活动了。我相信，“农村法律小帮手系列”的适时出版，不仅将为“五五普法”增添异彩，更将在“六五普法”活动中作出新的贡献！

是为序。

中共福建省莆田市市委副书记、
市人大常委会主任、市委政法委书记
林光大
2010 年 6 月 28 日

目　录

序
前言

一、债务主体

1. 公民与企业之间的借贷纠纷如何处理？…… (1)
2. 企业之间借款合同是否有效？…… (5)
3. 因公由个人出具借条的，借款主体如何认定？…… (9)
4. 企业股东与企业之间的借款协议是否有效？…… (11)
5. 一方债权能否转让给他人享有？…… (14)
6. 一方债务能否转让给他人承担？…… (18)
7. 债权人死亡，继承人可否依法享有债权？…… (21)
8. 债权人应如何行使代位权？…… (24)
9. 债务人无偿或低价转让财产，该怎么办？…… (27)
10. 父债子还吗？…… (31)
11. 夫债妻还吗？…… (34)
12. 婚内借款有效吗？…… (39)
13. 无借据的债权能否受法律保护？…… (43)

二、债务期限

14. 借款期限不明确，能否随时要求归还借款？…… (46)
15. 债权人能否在借款期限届满之前讨回借款？…… (49)

三、债务利息

16. 未约定利息的借款合同，债权人能否请求债务人支付逾期利息？ …… (53)
17. 民间借贷高利率该如何认定？ …… (57)
18. 借款合同中约定的复利是否有效？ …… (62)
19. 期限届满后，一方当事人归还借款，是先归还本金，还是先归还利息？ …… (67)
20. 民间借贷能否约定违约金？ …… (70)

四、债务担保

21. 私立学校、医院、幼儿园等民办非企业单位能否为他人提供担保？ …… (74)
22. 行政机关能否对外提供担保？ …… (77)
23. 没有约定保证期限，保证期间是多长？ …… (79)
24. 当事人未约定保证方式时责任如何承担？ …… (81)
25. 二人以上共同保证时，该如何承担责任？ …… (83)
26. 保证期间可以转让债务吗？ …… (85)
27. 借款合同双方当事人未经担保人同意达成延期还款协议的，保证人能否免除保证责任？ …… (87)
28. 人保与物保并存时如何处理担保关系？ …… (89)
29. 保证人如何行使追偿权？ …… (91)
30. 如何确定保证人在以贷还贷案件中的民事责任？ …… (94)
31. 债权人能否单独起诉保证人？ …… (96)
32. 对已过诉讼时效的债务提供保证的，保证人是否需要承担保证责任？ …… (98)
33. 当事人约定保证期间超过二年是否有效？ …… (99)

34. 抵押、质押、留置竞合时如何处理？ …………………… (103)
35. 如何理解房产抵押登记问题？ ………………………… (105)
36. 抵押权实现后，租赁权是否受法律保护？ …………… (108)
37. 质权人擅自处分质物致质物损坏的责任承担？ ……… (110)
38. 一物之上有数个抵押权，清偿顺序如何确定？ ……… (112)
39. 何种情况下可以适用留置？ …………………………… (115)
40. 定金与预付款该如何区分？ …………………………… (117)

五、债务时效

41. 什么是诉讼时效，为什么有些合法债权不受法律保护？ ………………………………………………… (120)
42. 债务人未提出诉讼时效抗辩的，法院能否主动审查？ ……… (123)
43. 欠条未约定还款期限的，诉讼时效如何起算？ ……… (126)
44. 起诉后又撤诉能否引起诉讼时效中断？ …………… (129)
45. 因客观情况导致权利人不能主张权利，能否构成诉讼时效中止？ ………………………………………… (132)
46. 同一债务分期履行时，应如何计算诉讼时效？ ……… (135)
47. 抚养费是否适用诉讼时效的规定？ ………………… (139)
48. 诉讼时效的起算时间应该怎么算？ ………………… (142)
49. 因债务人地址变更导致债权人的催款通知未能到达，能否引起诉讼时效中断？ ……………………… (146)
50. 保证期间与保证债务的诉讼时效有什么不同吗？ ……… (149)
51. 签订合同时即预先在空白催收通知单上加盖公章的行为，能否视为债务人放弃诉讼时效抗辩？ ……… (153)
52. 向连带债务中的一个债务人主张权利能否对其他债务人发生诉讼时效中断的效力？ …………………… (156)
53. 向村委会等组织请求保护民事权利的，能否构成诉讼时效中断？ ………………………………………… (159)

54.债权转让后,诉讼时效从何时起算? …………………… (162)
55.当事人能否约定延长诉讼时效期间? ………………… (165)
56.债务人口头同意还款,但事后又以超过诉讼时效期间为由不愿履行,能否获得支持? ……………… (169)
57.主债务诉讼时效期间届满,保证人是否有还款义务? …… (172)
58.相邻关系纠纷是否适用诉讼时效? …………………… (175)

六、合伙债务

59.未经结算的合伙纠纷该如何处理? …………………… (179)
60.合伙人对合伙债务应承担何种清偿责任? ……………… (182)
61.合伙人内部该如何分担债务? ………………………… (187)
62.名为合伙,实为借贷该如何认定? …………………… (191)

七、不当得利

63."意外捡到"的财物可以占为己有吗? ………………… (195)
64.银行客户转错账户,该怎么讨回? …………………… (198)
65.银行转错金额,该向谁主张权利? …………………… (202)
66.恋爱分手后赠送的财物能否讨回? …………………… (206)

八、无因管理

67.代人还清贷款,如何讨回代偿款? …………………… (209)
68.保姆为老人代垫药费,能否讨回? …………………… (212)
69.做好事能否要求受益人支付费用和报酬? ……………… (215)
70.为他人看管耕牛,如何讨要看管费? ………………… (218)

九、其他常识

71. 还(hái)欠款和还(huán)欠款——哪个才是事实真相? …………………………………………………… (221)
72. 借条、欠条、收条之间到底有什么区别? ………………… (224)
73. 非法集资与民间借贷有什么区别? ……………………… (228)

一、债务主体

1. 公民与企业之间的借贷纠纷如何处理?

核心提示

人民法院在审理公民个人与企业之间的借贷纠纷案件时,应当区分不同情况,分别予以处理:如果是公民个人借款给企业,即公民为出借方,企业为借款方,则按照上述《借贷案件意见》的规定处理,对双方约定的合理利率予以保护;如果是企业贷给公民个人,即企业为出借方,公民为借款方,这种情况属于企业从事非法金融业务,因此该借贷行为无效,对双方约定的利率不予保护,而且双方还要承担因该无效行为违反其他法律、法规所应承担的责任。

案情介绍

孙某系某市居民,在某一家私人企业上班。他在市区繁华地段有一间 30 平方米的店面。2003 年 3 月 16 日开始,某租赁公司一直租赁孙某的店面。某租赁公司除了经营租赁生意外,还将剩余资金用于向社会发放借款,赚取利息。有时孙某也会介绍一些朋友向某租赁公司借款。2006 年 10 月 20 日,孙某因购房缺乏资金向某租赁公司借款 50000 元,同时约定月利率 2%,借款期限一年,并由孙某出具了借条。但借款期限届满,孙某一直未返还上述款项。2008 年

3月1日，某租赁公司向法院起诉，要求判令孙某立即返还借款50000元及利息。

法院经审理认为，合法的借贷关系应受法律保护。某租赁公司作为企业法人与孙某个人之间的借款合同，违反了法律、行政法规强制性规定，应认定为无效借款合同。根据无效合同的处理原则，孙某应当返还某租赁公司借款50000元。某租赁公司提出的诉讼请求，有事实及法律依据，本院予以支持，但对双方约定的利率不予保护。故依法作出判决：(1)某租赁公司与孙某的借款合同无效；(2)孙某应于本判决生效之日起10日内返还某租赁公司借款50000元；(3)驳回某租赁公司的其他诉讼请求。

答疑解惑

本案争议的焦点是：某租赁公司与孙某之间的借款合同是否有效？如果无效，该如何处理？这个问题涉及我国的金融管理制度。

我国是实行金融管制的国家，除了公民之间的民间借贷活动外，其他金融活动只能由银行和专门的金融机构办理，一般的企业不能进行相互间的借贷，也不能从事各种金融集资活动。但是，对公民与企业之间的借贷合同纠纷应如何处理，却没有明确的规定。1991年8月13日《最高人民法院关于人民法院审理借贷案件的若干意见》(以下简称《若干意见》)也只规定了公民之间、公民与法人之间的借贷纠纷以及公民与其他组织之间的借贷纠纷，人民法院应作为借贷案件受理。法释[1999]3号《最高人民法院关于如何确认公民与企业之间借贷行为效力问题的批复》规定："公民与非金融企业之间的借贷属于民间借贷。只要双方当事人意思表示真实即可认定有效。但是，具有下列情形之一的，应当认定无效：(一)企业以借贷名义向职工非法集资；(二)企业以借贷名义非法向社会集资；(三)企业以借贷名义向社会公众发放贷款；(四)其他违反法律、行政法规的行为。"如果企业偶然向公民借贷，应如何认定呢？显然不属于以上法释(一)至(三)项规定的情形，就只能看是否属于第(四)项规定的情形了。这是民事审判工作的难点之一，需要法官根据案件具体情况，依法作出判断。一般情况下，人民法院在审理公民个人与企业之间借贷纠纷案件时，会区分不同情况处理：

1. 如果是公民个人贷款给企业，如果是双方真实意思表示，可认定该借贷合同有效，应当按照《若干意见》的规定处理，对双方约定的合理利率予以保护，如果约定的利率超过银行同类贷款利率的四倍（包含利率本数），对超出部分的利息不予保护。这主要是因为在我国当前经济快速发展的条件下，银行的资金有限，不可能给每一个有需要的企业或事业单位及公民个人提供及时、足额的借款。因此，允许企业向公民个人借款是极其必要的，是弥补企业生产经营资金不足、确保经济活动和其他活动顺利开展的重要手段。与此同时，对企业向公民借款不予限制和规范也是不行的。就是程序审查比较严格的银行借贷也会存在坏账、死账，更何况企业之间的借款。如不加以严格控制、要求，必然会导致大量借款无法清偿，从而影响社会安定和经济发展。因此，既要允许企业依法向公民借款，同时也必须限制借款的规模和数额。

2. 如果是企业贷款给公民，应当认定属于违反了法律、行政法规的行为，属于企业从事非法金融业务，该借贷行为无效，对双方约定的利率不予保护，而且双方还要承担因该无效行为违反其他法律、法规所应承担的责任。

本案是某租赁公司将钱借贷给孙某，属于企业贷款给公民个人，即企业为出借方，公民为借款方，而且，某租赁公司还经常以此来盈利，这种情况显然属于企业从事非法金融业务，该借贷行为应认定为无效，对双方约定的利率也不予保护。因此，法院在判处借款合同无效、返还本金的同时，依法对某租赁公司利息的请求予以驳回。

法律链接

《中华人民共和国合同法》

第五十二条　有下列情形之一的，合同无效：

（一）一方以欺诈、胁迫的手段订立合同，损害国家利益；

（二）恶意串通，损害国家、集体或者第三人利益；

（三）以合法形式掩盖非法目的；

（四）损害社会公共利益；

（五）违反法律、行政法规的强制性规定。

第五十八条　合同无效或者被撤销后，因该合同取得的财产，应当予以返还；不能返还或者没有必要返还的，应当折价补偿。有过错的一方应当赔偿对方因此所受到的损失，双方都有过错的，应当各自承担相应的责任。

《最高人民法院关于如何确认公民与企业之间借贷行为效力问题的批复》

黑龙江省高级人民法院：

你院黑高法[一九九八]一百九十二号《关于公民与企业之间借贷合同效力如何确认的请示》收悉。经研究，答复如下：

公民与非金融企业（以下简称企业）之间的借贷属于民间借贷。只要双方当事人意思表示真实即可认定有效。但是，具有下列情形之一的，应当认定无效：

（一）企业以借贷名义向职工非法集资；

（二）企业以借贷名义非法向社会集资；

（三）企业以借贷名义向社会公众发放贷款；

（四）其他违反法律、行政法规的行为。

借贷利率超过银行同期同类贷款利率四倍的，按照最高人民法院法（民）发[一九九一]二十一号《关于人民法院审理借贷案件的若干意见》的有关规定办理。

2. 企业之间借款合同是否有效？

核心提示

企业之间的借贷合同因违反有关金融法规而无效，借款方应当返还本金，利息则不予保护。

案情介绍

某石材公司是某市一家有相当规模的有限责任公司。某服装公司是该市一家设立不久的从事服装生产的有限责任公司。这两家公司虽然在生意上较少来往，但公司老板私人关系密切。2008 年 6 月初，某服装公司因扩大生产，需要一笔资金。由于到银行贷款手续烦琐，服装公司老板就向某石材公司求助，要求资金上予以支持。某石材公司表示同意。2008 年 6 月 11 日，某石材公司与某服装公司签订借款协议，协议约定：某服装公司因业务经营需要，向某石材公司申请借款，经某石材公司审查，同意借款给某服装公司。借款金额为 50 万元，借款期限自 2008 年 6 月 11 日至 2008 年 6 月 16 日。某石材公司依照协议在 2008 年 6 月 11 日将 50 万元划入某服装公司指定账户。到期后，某服装公司归还 10 万元，余款 40 万元经某石材公司多次催要，一直未还。故某石材公司诉至法院，要求某服装公司归还借款 40 万元及利息 2.3 万元、违约金 2 万元，共计 44.3 万元。庭审时，某服装公司对借款及还款事实没有异议，称因目前资金紧张，短期无力还款。

法院经审理认为，借、贷业务是金融行为，依法只有金融机构可以经营,企业资金短缺只能向金融机构贷款。某石材公司与某服装公司之间的借款行为是违法借款行为,该借款协议系属无效。故某服装公司应将尚欠的 40 万元借款返还给某石材公司。对某石材公司要求某服装公司支付利息及违约金的诉讼请求部分,不予支持。故依法判决某石材公司与某服装公司之间于 2008 年 6 月 11 日签订的借款 50 万元的借款协议无效;某石材公司应于判决生效之日起 30 日内返还某服装公司 40 万元;驳回某石材公司其他诉讼请求。

答疑解惑

本案争议的焦点是:企业之间的借款协议是否有效、利息是否受到保护的问题。对此,最高人民法院有明确的司法解释,对企业与企业之间借贷利息的处理提供了法律依据,即(1)对企业与企业之间的借贷合同以及企业与企业之间名为联营、实为借贷的合同,应依法认定合同无效,除返还本金外,对出借方和投资方已经取得的利息,应当依照 1999 年 11 月 12 日最高人民法院《关于审理联营合同纠纷案件若干问题的解答》第 4 条第 2 项的规定,对出资方已经取得或者约定取得的利息应予收缴,对另一方则应处以相当于银行利息的罚款。(2)对企业之间借贷的出借方或者名为联营、实为借贷的出资方尚未取得的约定利息,应当依照 1996 年 3 月 25 日最高人民法院《关于企业相互借贷的合同出借方尚未取得约定利息人民法院应当如何裁决问题的解答》的规定,由人民法院依法向借款方收缴。(3)对企业与企业之间借贷合同借方逾期不归还借款的,应当依照 1999 年 9 月 23 日最高人民法院《关于对企业借贷合同借款方逾期不归还借款的应如何处理的批复》的规定,人民法院除应按照最高人民法院《关于审理联营合同纠纷案件问题的解答》第 4 条第 2 项判决外,对自双方当事人约定的还款期满之日起,至法院判决确定借款人返还本金期满期间内的利息,应当收缴,该利息按借贷双方原约定的利率计算,如果双方当事人对借款利息未约定,按同期银行借款利率计算。如果借款人也未按判决确定的期限归还本金的,还要按照民事诉讼法

第232条规定加倍支付迟延履行期间的利息。

但是，随着我国社会主义市场经济体制的深入，以上司法解释中的有关非法借贷约定利息的处理以及处罚办法在司法实践中已经不再严格适用了，对于约定的利息不论取得与否根本就不再追缴，对借用方也不再处以相当于银行同期贷款利息的罚款。大多数法院只判给本金，但也有少数法院不仅判给本金，还判给按同期银行贷款利率或者存款利率计算的利息。但一般对约定的利息不再进行追缴，对借用方也不处以相当于银行同期贷款利息的罚款。因此，实践中的变化已经很大了。因为有的企业之间是完全出于自愿地相互支援或协作，利用企业自有资金，无偿地借给其他企业，合同中其他有关内容、款项的来源及用途均合法，对国家的金融市场有百利而无一害，这种借款合同可以认定为有效。而且，也要考虑到当前有的国有企业生产经营比较困难，如果企业以自有资金为其他企业解决资金困难或者生产急需，约定的利息与按同期银行贷款利率计算的利息基本相同，这样的企业之间借贷合同或行为的效力，也是可以予以认可的。但是，如果企业以套用的银行资金或以非法集资形式取得的资金再进行放贷的，其中存在高息借贷以牟取暴利的，该种情况则应认定无效，且认为损害了国家和社会公共利益。对借款人除应将借款本金予以返还外，还应当按照有关司法解释对约定的已经取得或者尚未取得的利息全部收缴，归入国库所有，同时对借用方处以相当于银行同期贷款利息的罚款，以体现对此具有社会危害性的行为的惩罚。

本案的判决，是当前大多数法院对企业间借贷案件所采取的处理方式，认定某石材公司与某服装公司之间的借款行为是无效的，只判处返还本金，对于利息和请求则不予保护。不过随着形势的进一步发展，有关人士对企业之间相互借贷有限制地予以放开的呼声越来越强烈，以至于最高人民法院正在制定的合同法分则第12章借款合同的司法解释也在考虑对企业间借贷是否有条件地开启一律禁止的大门。但是，这扇门到底应该开多大，这不仅是个司法权限进行解释的问题，它更主要地牵涉到整个国家金融政策的大政方针，因此不仅要在广泛征求有关部门意见的基础上，而且要不断地权衡利弊，衡量得失，从促进社会主义市场经济发展繁荣出发，作出正确的决策。

法律链接

《中华人民共和国合同法》

第五十二条　有下列情形之一的，合同无效：

（一）一方以欺诈、胁迫的手段订立合同，损害国家利益；

（二）恶意串通，损害国家、集体或者第三人利益；

（三）以合法形式掩盖非法目的；

（四）损害社会公共利益；

（五）违反法律、行政法规的强制性规定。

第五十八条　合同无效或者被撤销后，因该合同取得的财产，应当予以返还；不能返还或者没有必要返还的，应当折价补偿。有过错的一方应当赔偿对方因此所受到的损失，双方都有过错的，应当各自承担相应的责任。

最高人民法院《关于对企业借贷合同借款方逾期不归还借款的应如何处理的批复》

（法复[1996]15号）

四川省高级人民法院：

你院《关于企业拆借合同期限届满后借款方不归还本金是否计算逾期利息及如何判决的请示》（川高法[1995]223号）收悉。经研究，答复如下：

企业借贷合同违反有关金融法规，属无效合同。对于合同期限届满后，借款方逾期不归还本金，当事人起诉到人民法院的，人民法院除应按照最高人民法院法（经）发[1990]27号《关于审理联营合同纠纷案件若干问题的解答》第四条第二项的有关规定判决外，对自双方当事人约定的还款期满之日起，至法院判决确定借款人返还本金期满期间内的利息，应当收缴，该利息按借贷双方原约定的利率计算，如果双方当事人对借款利息未约定，按同期银行贷款利率计算。借款人未按判决确定的期限归还本金的，应当依照《中华人民共和国民事诉讼法》第二百三十二条的规定加倍支付迟延履行期间的利息。

3. 因公由个人出具借条的，借款主体如何认定？

核心提示

冤有头，债有主。只有找到真正的“主”，才能讨到属于自己的钱。对于以个人名义为单位向他人出具欠条的，不能起诉个人，应起诉欠款单位。

案情介绍

2006年秋，某县白沙镇后庙山村在修建该村公路时，占用了薛某的耕地1.22亩，经有关部门计算，薛某应得土地补偿款7320元。该公路由村干部任某负责修建。在修建过程中，任某以个人名义向薛某打下欠款7320元土地补偿费的欠条一张。后经薛某多次催要，任某均未支付。2007年1月6日，薛某向法院提起诉讼，要求任某支付7320元土地补偿费及利息2196元，共计9516元。

法院经审理认为：白沙镇后庙山村在修建该村公路时所产生的土地补偿费，应由该村村委会向被征地农民发放，任某向薛某书写土地补偿费欠条的行为，是代表该村村委会实施的集体行为，理应由该村村委会承担相应的民事责任，而不应由任某个人承担，因此，薛某的起诉不符合法律规定，故依法裁定驳回薛某的起诉。

答疑解惑

本案争议的焦点是：任某应否承担欠条上所记载债务？对此，存在两种观点：一种观点认为，本案债务虽然应由村委会承担，但任某已经以个人名义出具欠条，表明任某愿意承担这项债务，此时债务已由村委会承担转移为由任某承担，故本案，薛某的债权应由任某负责偿还。另一种观点认为，本案债务未发生转移，任某出具欠条的行为，属于代表村委会履行职务的行为，应由实际债务人白沙镇后庙山村委会负责偿还。

这两种观点看似都有道理，但仔细推敲，第二种观点比较符合法律规定，也比较符合常理。主要理由是：(1)任某出具欠条行为属职务行为，该法律后果应由白沙镇后庙山村委会承担。所谓职务行为，是指法人或者其他组织的法定代表人、负责人因履行职责而实施的行为。《中华人民共和国民法通则》第 38 条规定："依照法律或者法人组织章程规定，代表法人行使职权的负责人是法人的法定代表人。"第 43 条规定："企业法人对它的法定代表人和其他工作人员的经营活动承担民事责任。"法定代表人对外代表法人从事经营活动时，其职权是由法律和章程规定的，其活动内容和范围主要是由法人规定的，其活动的目的是为了实现法人的职能。因此，法定代表人的行为就是法人自身的行为，其在合法职权范围内从事民事活动所产生的权利、义务和责任理应由法人承担。本案中，任某代表白沙镇后庙山村委会出具欠条给薛某属职务行为，因此而产生的法律后果应由白沙镇后庙山村委会承担，即本案债务属白沙镇后庙山村委会债务。(2)本案债务并未发生转移承担。根据《合同法》第 84 条"债务人将合同的义务全部或者部分转移给第三人的，应当经债权人同意"的规定，所谓债务承担，是指依据债权人、债务人与第三人之间达成的协议将合同债务转移给第三人承担。本案中，债权人薛某、债务人白沙镇后庙山村委会、第三人任某之间并未就债务转移承担达成合意，也未签订协议书，不发生《合同法》第 84 条规定的情形，本案债务未发生转移承担，仍应由白沙镇后庙山村委会负责偿还。

法律链接

《中华人民共和国民法通则》

第三十八条　依照法律或者法人组织章程规定，代表法人行使职权的负责人是法人的法定代表人。

第四十三条　企业法人对它的法定代表人和其他工作人员的经营活动承担民事责任。

4. 企业股东与企业之间的借款协议是否有效？

核心提示

公司股东利用主管财务的便利，将其所借他人款项以公司名义出具欠条并加盖公司公章，该行为如果没有得到公司的追认，即使借款最终投资到了公司，也属于滥用代理权，不发生债务转移。

案情介绍

李某系某货运公司的股东之一。自 2003 年 10 月起，某货运公司的印章等由李某保管。李某认为，2005 年 6 月 10 日至 2006 年 2 月 21 日，某货运公司先后向其借款共计 110000 元，为此双方于 2 月 21 日签订《借款协议书》一份，借期约定至同年 12 月 31 日，但某货运公司未按时还款。李某遂于 2007 年 1 月向法院起诉，要求某货运公司返还借款 110000 元，并按中国人民银行同期贷款利率支付自 2006 年 1 月 1 日起至判决生效之日止的逾期利息。某货运公司认为，李某系某货运公司股东并任副总经理，自 2004 年 6 月起一直负责某货运公司的经营运作，掌控公司印章及文件等，其提供的《借款协议书》系伪造形成。因与某货运公司间没有借贷关系，故不同意李某的诉讼请求。

法院经审理认为，李某作为某货运公司股东，具有双重身份，既代表公司，又代表个人。在此情况下，李某提供的《借款协议书》虽有其本人的落款签名和某货运公司的公章，但没有该公司财务人员的签名，也没有提供相应的公司账册予以证实，故不能以此认定李某与某货运公司就争讼借款事宜达成合意，该《借款协议书》对李某主张的借贷关系没有证明效力。故判决驳回李某的诉讼请求。

答疑解惑

本案看似是一件简单的借贷纠纷，但实际上涉及民事代理的法律问题。民事代理是一种民事法律关系。在代理关系中，代理人以被代理人的名义，在代理权限内与第三人进行法律行为，而这种行为的法律效果直接由被代理人承担。代理关系包括代理人、被代理人和相对人三方的关系。代理关系有以下特征：(1)代理行为必须是具有法律意义的行为，即必须是能够发生法律上的权利和义务关系的行为，如代理被代理人签订合同、履行债务等。代理行为一般是涉及第三人，即向第三人表示意思或接受第三人的意思表示。他不同于受托办理无法律意义的事务，如代他人整理书稿、校阅稿件等。(2)代理人必须是以被代理人的名义进行活动。(3)代理人在被代理人授权范围内独立为意思表示，即代理人在代理活动中，根据授权范围和实际情况，有独立进行意思表示的权利。(4)代理行为的法律效果直接归属被代理人。

本案李某的行为实际上是一种滥用代理权的行为。在滥用代理权的行为中，有一项叫做“自己代理”，即以被代理人名义与自己进行民事行为。这种行为因为有悖代理权设定宗旨和代理行为的基本准则，有损被代理人的利益和诚实信用原则，被各国法律所禁止。关于这种行为的法律效力，有两种主张：一种认为自己代理违背了代理的本质特征，是无效的法律行为；另一种认为自己代理属于效力未定，如果事后得到被代理人追认，法律后果归属于被代理人。本案中，李某作为某货运公司股东，不仅担任该公司的副总经理，而且还保管着该公司的印章，有使用公司印章的便利，故必须严格审查该借款的来龙去脉。因此，李某虽然提供了有该公司盖章的《借款协议书》，但没有该公司财务人员的签名，也没有提供相应的公司账册予以证实，不能充分证实李某与某货运公司之间存在借贷关系，属于举证不能，应李某承担举证不能的法律后果。其利用公司总经理和保管印章的便利，给自己出具债权凭证，属于滥用代理权的"自己代理"，对公司不具有拘束力，况且货运公司对李某的借贷行为也不予认可，所以法院最后判决驳回李某的诉讼请求。

法律链接

《中华人民共和国民法通则》

第六十六条　没有代理权、超越代理权或者代理权终止后的行为，只有经过被代理人的追认，被代理人才承担民事责任。未经追认的行为，由行为人承担民事责任。本人知道他人以本人名义实施民事行为而不作否认表示的，视为同意。

代理人不履行职责而给被代理人造成损害的，应当承担民事责任。

代理人和第三人串通、损害被代理人的利益的，由代理人和第三人负连带责任。

第三人知道行为人没有代理权、超越代理权或者代理权已终止还与行为人实施民事行为给他人造成损害的，由第三人和行为人负连带责任。

《中华人民共和国民事诉讼法》

第六十四条　当事人对自己提出的主张，有责任提供证据。

《最高人民法院关于民事诉讼证据的若干规定》

第二条　当事人对自己提出的诉讼请求所依据的事实或者反驳对方诉讼请求所依据的事实有责任提供证据加以证明。

没有证据或者证据不足以证明当事人的事实主张的，由负有举证责任的当事人承担不利后果。

5. 一方债权能否转让给他人享有?

核心提示

债权可以依法转让。债权人转让权利的,应当通知债务人。未经通知,该转让对债务人不发生效力。

案情介绍

马某与王某之间自2003年以来有生意往来。2005年12月14日,马某向王某借款40万元。借款当日,马某向王某出具借条一份,内容:“现借王某先生人民币肆拾万元整,定于2005年12月31日归还,逾期按每天万分之二点一计算支付利息。”落款处由借款人马某签名、捺手印、书写借款日期。嗣后,马某没有按约归还上述借款,经催讨,于2006年4、5月份归还了其中10万元借款。王某与吴某之间素有生意上的往来,期间王某因做生意需要资金周转,故曾经陆续向吴某借款,共计有40万元左右。2006年11月11日,王某将在马某处的债权39万元及利息损失,合计40万元,通过债权转让的方式一并转让给吴某,为此双方达成了债权转让协议;事后,王某采用书面形式,将债权转让之事通知了马某。2006年12月1日,吴某诉讼至原审法院,要求判令马某、王某归还借款39万元和逾期利息损失27027元及从起诉日至判决生效日止的利息损失。诉讼期间,马某向法院提出申请,要求债权转让人王某参加诉讼,以便查明债权让与人与债务人之间的债权债务关系。对此,法院依法通知王某作为本案的第三人参加诉讼。

法院经审理认为，公民之间的合法借贷关系应依法保护，债权人有权要求债务人按照合同的约定或者依照法律的规定履行义务。债权受让人因债权转让行为，享有对债务人的债权请求权。债权人转让权利的，应当通知债务人。本案第三人王某因做生意需要资金，故欠吴某钱款。由于马某没有将欠款按时归还给王某，以致王某也无法向吴某履行偿还债务的义务。遂原审第三人与吴某就其双方债务达成一致，即由原审第三人将其在马某处债权转让给吴某。债权转让后，债权让与人王某已经采用书面形式告知了债务人马某。吴某基于债权转让的事实向债务人主张权利，并向法院提供了马某出具给王某的借条，王某将该债权转让给吴某的债权转让协议、通知等证据。因此，债权转让合法有效。遂判决马某应偿还吴某借款 39 万元及从起诉日至判决生效日止的逾期利息损失；马某应偿付吴某逾期还款利息 27027 元(按每天万分之二点一计算)。

答疑解惑

本案争议的焦点是：吴某与王某的债权转让是否有效？债权转让，是指不改变合同的内容，债权人通过与第三人订立合同的方式将债权移转于第三人。根据《合同法》第 80 条规定：债权人转让权利的，应当通知债务人。未经通知，该转让对债务人不发生效力。只要对债务人履行了通知义务即可(通知的义务履行的方式可以是书面的，也可以是口头的)，不必要征得债务人的同意。债务人的同意并不是这种转让行为发生法律效力的前提。其有三个法律特征：(1)债权转让是不改债权的内容，由债权人将债权转让给第三人。因而，债权转让的主体是债权人和第三人，债务人不是债权转让的当事人。(2)债权转让既可以是全部的转让，也可以是部分的转让。在债权全部转让时，原合同关系消灭，而产生了一个新的合同关系。在债权部分转让的情况下，受让人作为第三人将加入到原合同关系，与原债权人共同享有债权。(3)债权转让的对象是可以转让的债权。本案王某作为债权转让人，已依法履行了通知义务，因此该转让对债务人马某发生效力。

在司法实践中，债权转让往往与第三人代为清偿相混淆。第三人代为清偿是指合同当事人约定由第三人向债权人清偿合同债务。其法律特征是：(1)第三人的履行义务是依据合同的约定产生的。依据合同的相对性原理，债权人一般是期待债务人亲自履行债务。但私法自治是民法的基础原理，只要当事人达成合意以后，第三人同意代为履行的，也可以由第三人代为履行。(2)由第三人向债权人作出履行。(3)没有发生债的转让。第三人不是合同当事人，而只是债务人的债务履行辅助人，如果因第三人没有向债权人作出履行或者履行不当，债权人应当向债务人请求履行。债权转让与第三人代为清偿均涉及合同债权人、债务人、第三人三方关系，债权债务关系的履行主体和权利享有主体都有所变化等，但是，它们之间的区别还是比较明显的：(1)债务履行主体不同。在债权转让的情况下，承担债务清偿责任的仍是原合同的债务人；而第三人代为清偿则是由第三人代债务人进行清偿。(2)债权享有主体不同。在债权转让的情况下，享有债权的为第三人或者原债权人；而第三人代为清偿则是由第三人向原合同关系的债权人履行。(3)对债务履行主体的意思要求不同：在债权转让的情况下，债权人与第三人达成的债权转让合意只要通知债务人即可，无须征得其同意。而第三人代为清偿分为两种情况：一种情况是第三人与债务人之间无任何经济纠葛，如果由第三人代为清偿，则必须征得第三人同意，因为任何人不能未经他人许可给他人设定义务。另一种情况是第三人与债务人之间有经济纠纷，债务人对第三人享有债权，此种情况下，因第三人对债务人负有履行义务，债务人可以与债权人直接约定由第三人直接向债权人进行清偿，而无须征得第三人同意。(4)第三人的主体地位不同。在债权转让中，第三人成为合同关系的当事人，如果是债权全部转让，则第三人将完全取代原债权人的地位，原债权人退出合同关系，即使是部分转让，第三人也将加入合同关系成为债权人。而第三人代为清偿中的第三人只是债务人的履行辅助人，不是合同关系的当事人。(5)履行不能的法律后果不同。在债权转让中，如果债务人不能履行债务，要向第三人即新的债权人承担责任；而第三人代为清偿中的第三人如果不能清偿，则由债务人承担履行不能的责任。

值得一提的是，并不是所有的债权都可以转让。根据《合同法》第 79 条的规定，有下列情形之一，债权不得转让：(1)根据合同性质不得转让，如抚养费、赡养费等；(2)按照当事人约定不得转让；(3)依照法律规定不得转让。

法律链接

《中华人民共和国合同法》

第七十九条　债权人可以将合同的权利全部或者部分转让给第三人，但有下列情形之一的除外：

（一）根据合同性质不得转让；

（二）按照当事人约定不得转让；

（三）依照法律规定不得转让。

第八十条　债权人转让权利的，应当通知债务人。未经通知，该转让对债务人不发生效力。

债权人转让权利的通知不得撤销，但经受让人同意的除外。

第八十一条　债权人转让权利的，受让人取得与债权有关的从权利，但该从权利专属于债权人自身的除外。

第八十二条　债务人接到债权转让通知后，债务人对让与人的抗辩，可以向受让人主张。

6. 一方债务能否转让给他人承担?

核心提示

债务人将合同的义务全部或者部分转移给第三人的,应当经债权人同意,否则不得对抗债权人。

案情介绍

2007年9月26日,李某因经营某服装品牌的专卖店缺乏资金,向张某借得款项6万元,双方就此签订了借款协议,协议约定借款期限为4个月,至2008年1月26日止,月利率1.5%。期限届满后,张某就向李某催讨欠款,但李某因该品牌在当地的知名度不高,销售业绩一直上不去,造成无法按时归还该笔借款。2008年12月21日,张某又到李某的店里催讨欠款,口气相当强硬,说如果再不归还欠款,就要整天坐在店里,一旦有人买衣服,就直接拿走消费者支付的售衣款。这时,李某的一个好朋友,也是高中时代的同学黄某正好也在店里。以前,在黄某落魄的时候,李某曾经帮了他很多忙,现在正承包几十田地,专门种植蔬菜。他看到这种情形,就问清双方债权债务的来龙去脉,表示愿意替李某归还这笔债务。张某虽然不太认识黄某,但知道他现在正承包一块田地,年收入颇丰,如果有他来承担这笔债务,应该没有什么问题。而且他也注意到李某专卖店的生意也不是很好,于是就答应了黄某的请求。当天,李某、张某与黄某三方签订债务转让协议,约定如下:李某、张某与黄某三方一致同意将李某所欠张某的债务6万元及利息转让由黄某承担,转让后,张某不再向李某催讨欠款，黄某应于 2009 年 1 月 23 日之前归还给张某欠款 2 万元，2009 年 3 月 16 日归还剩下的全部欠款及利息，利息按原来的约定计算。然而，天有不测风云。2009 年 1 月 9 日，黄某因一起车祸遭受重伤，住院治疗，仅一个月时间就花去几十万元的医药费，自然也没有心情、也暂时没有能力按照原来的约定向张某偿还债务。2009 年 5 月 12 日，张某以黄某为被告向法院提起诉讼，要求黄某归还欠款 6 万元及按月利率1.5%支付利息。

法院经审理认为，合法的借贷关系应受法律保护。李某与张某之间形成的借款合同法律关系不违反法律规定，可认定为有效。而后李某、张某与黄某三方一致达成债务转让协议，同意将李某所欠张某的债务 6 万元及利息转让由黄某承担，真实意思表示，且内容符合法律规定，可认定为合法有效。现黄某未按期给付欠款，应属违约。现张某据此要求黄某给付欠款及相应利息，事实清楚，理由正当，予以支持。故判决黄某应于本判决生效之日起 10 日内给付张某欠款 6 万元及利息（利息自 2007 年 9 月 26 日起至还款之日止，按月利率1.5%的标准计算）。

答疑解惑

本案争议的焦点是：黄某是否有义务清偿债务？这里涉及民事法律一个重要的法律问题——债务转移。所谓债务转移，是指债务人与第三人达成转让债务的协议，将债务全部或部分转移给第三人承担。债务转移在性质上并没有消灭债务，只是将原债务转移给新债务人。它可以是全部转移，也可以是部分转移。在债务全部转移的情况下，第三人取代原债务人在原合同中的地位承担原合同债务，原债务人不再承担原合同中的责任。在部分转移的情况下，第三人作为受让人加入原合同关系，与原债务人共同向同一债权人承担债务。

在债务转移的法律关系中，债权人同意是债务转移的生效要件。债权转让不需要债务人的承诺，只要尽到对债务人的通知义务即可生效，但是债务转移必须要征得债权人同意，否则不得对抗债权人。这是因为合同双方之间存在的信赖关系是合同得以成立的因素之一，合同一方当事人之所以选择另一方作为交易伙伴，就是出于对其履行能力的信任，如果另一方把债务转移给第三人，那么第三人的资信情况和清偿能力，将直接影响到债务能否得以履行。如果债务人在未征得债权人同意的情况下，擅自转移债务，势必会使债权人承担无法实现债权的风险。所以，从诚信原则和保护债权人利益的角度出发，《合同法》第 84 条明确规定债务转移应当经债权人同意。债权人的同意方式既可以是明示的，即明确表示同意债务转移，一般采用书面形式或口头形式；也可以是默示的，即通过行为或者表现根据交易习惯判断债权人有同意的意思，该行为一般为积极的作为，缄默或者消极的不作为不能视为默示。

本案中，张某与黄某之间发生了债务转移关系并且生效。其主要原因在于，该债务转移事实已征得债权人张某的同意，三方还就此签订了债务转让协议。所以从法律关系上看，黄某已经取代李某，成为新债务人，应当承担李某原拖欠张某的 6 万元债务及利息，而李某已经对张某已经没有清偿欠款的义务，张某也没有权利再向李某主张债权。

不过，这件事的结局没有因为法院的判决而结束。判决生效后，张某就申请法院强制执行。但在本案执行过程中，李某对黄某因自己欠款而成为法院的被告、被执行人深感惭愧，不能再对不起这么好的同学了，于是积极筹款，终于自己把这笔债务彻底清偿。

法律链接

《中华人民共和国合同法》

第八十四条　债务人将合同的义务全部或者部分转移给第三人的，应当经债权人同意。

第八十五条　债务人转移义务的，新债务人可以主张原债务人对债权人的抗辩。

第八十六条　债务人转移义务的，新债务人应当承担与主债务有关的从债务，但该从债务专属于原债务人自身的除外。

7. 债权人死亡，继承人可否依法享有债权？

核心提示

债权人死亡后，继承人承受被继续人财产上的权利。除继承人放弃继承外，被继承人生前对他人享有债权，其债权人地位因继承而移转于继承人承受。

案情介绍

叶光明是某市一个有名的裁缝师，1956 年与李雪梅结婚。婚后，叶光明、李雪梅生育两个男孩，分别是叶志鑫、叶志涛。李启国可以说是叶光明的老主顾，八九十年代，李启国一家的衣服几乎都由叶光明制作，两人关系甚好。2005 年 5 月中旬，李启国以其投资的机砖厂资金周转困难为由，提出向叶光明借款，叶光明表示同意。2005 年 5 月 24 日，叶光明将款项交付给李启国。李启国当即写下借条交叶光明收执，借条上写明："借据　今借到叶光明人民币肆万元正，月利率 1.5%（于 2005 年 10 月底前还清），立此为据。借款人李启国，2005 年 5 月 24 日。"当时，在场的朋友何玉立、李国平作为见证人也在该借条上签名。2006 年 9 月 14 日，叶光明因病死亡，其生前在某市律师事务所律师梁伟国、黄惜春和同社区居民陈玉妹、何淑梅的见证下立下遗嘱：其名下财产、债权及其他收益由李雪梅、叶志鑫、叶志涛三人平均继承，其他人无权继承。2006 年 12 月，李雪梅向李启国追讨欠款。但李启国以各种理由与借口赖债不还。因多次催讨欠款未果，无奈之下，2007 年 4 月 12 日，李雪梅、叶志鑫、叶志涛母子三人向法院提起诉讼，请求法院判令李启国清偿李雪梅、叶志鑫、叶志涛借款 40000 元及利息，并由李启国承担本案诉讼费用。

法院经审理认为，李启国于 2005 年 5 月 24 日向叶光明借款并出具借条，李启国与叶光明之间形成借款合同关系。该借款合同合法有效，李启国应当依约还款。李启国拒不归还欠款的行为已构成违约，应承担归还借款的民事责任。叶光明因病死亡，李雪梅、叶志鑫、叶志涛依据叶光明生前立下的遗嘱，依法继承其对被告李启国所享有的债权。故李雪梅、叶志鑫、叶志涛有权向李启国主张返还借款，遂判决李启国应本判决生效之日起 10 日内向李雪梅、叶志鑫、叶志涛偿还借款 40000 元及利息(自 2005 年 4 月 25 日起，月利率按 1.5％计算)，本案案件受理费 950 元由李启国负担。

答疑解惑

本案涉及民事法律一个重要问题，即债权的让与问题。债权让与是指不改变债的内容，债权人将其债权移转于第三人享有。债权让与分为部分让与和全部让与两种。在债权的部分让与时，受让人加入原债的关系，与原债权人共同享有债权。此时即成为多数人之债。在债权全部让与时，受让人即取代原债权人成为债的关系中新债权人，原债权人则脱离债的关系。一般来说，引起债权让与的原因有：(1)法律规定，包括继承、合同上地位的概括承受(如出租方将财产所有权转移给第三方时，租赁合同对财产新的所有方继续有效。原出租方对承租方所享有的债权即移转于财产新所有人)、连带债务人之间的求偿(连带债务人中的一人或数人清偿全部债务后，取得对于其他债务人的求偿权)、保证(保证人代为履行或承担因主债务人不履行债务而发生的损害赔偿责任后，取得债权人的地位，有权向债务人进行追偿)等。(2)法律行为，即基于单方法律行为引起的，如以遗嘱方式将债权让与继承人或受遗赠人。这种债权让与，在遗嘱人死亡时发生效力。

本案即属于因债权人死亡后继承开始，继承人承受被继承人财产上的权利。被继承人生前对他人享有债权，其债权人地位因继承而移转于继承人承受。这时，法律实际上是推定被继承人有让与债权于继承人的意思而加以保护。

本案叶光明死亡后，叶光明生前对李启国享有的债权40000元及利息，根据叶光明的遗嘱，该债权应移转于叶光明的继承人李雪梅、叶志鑫、叶志涛承受。李雪梅、叶志鑫、叶志涛也没有作出放弃继承的意思表示，故应视为接受继承。因此，叶光明死亡后，李雪梅、叶志鑫、叶志涛即对李启国享有债权40000元及利息，李启国于借款期限届满后赖债不还，李雪梅、叶志鑫、叶志涛可以原告身份起诉李启国，直接要求李启国偿还借款及利息。

法律链接

《中华人民共和国民法通则》

第八十四条　债是按照合同的约定或者依照法律的规定，在当事人之间产生的特定的权利和义务关系。享有权利的人是债权人，负有义务的人是债务人。

债权人有权要求债务人按照合同的约定或者依照法律的规定履行义务。

第一百零八条　债务应当清偿。暂时无力偿还的，经债权人同意或者人民法院裁决，可以由债务人分期偿还。有能力偿还拒不偿还的，由人民法院判决强制偿还。

《中华人民共和国继承法》

第二十五条　继承开始后，继承人放弃继承的，应当在遗产处理前，作出放弃继承的表示。没有表示的，视为接受继承。

受遗赠人应当在知道受遗赠后两个月内，作出接受或者放弃受遗赠的表示。到期没有表示的，视为放弃受遗赠。

8. 债权人应如何行使代位权？

核心提示

因债务人怠于行使其到期债权，对债权人造成损害的，债权人可以向人民法院请求以自己的名义代位行使债务人的债权。

案情介绍

杜某系某县村民，经常在洋芋收成时，从事出售和收购洋芋生意。有时候他忙不开，就叫当地村民为其收购。朱某系该县山前村村民，经常垫资为杜某收购洋芋。2008年11月2日，朱某与杜某双方结算，杜某共欠朱某洋芋款26792元，自2006年10月18日至2008年11月2日的收购洋芋的工资12000元，共计38792元。结算后，杜某当即给朱某出具了欠条一张，约定一月内付款。但期限届满后，该款经朱某多次催讨，杜某一直未付。

杜某将收购到洋芋转手卖给某贸易公司，再由贸易公司将洋芋出售到全国各地。2008年12月3日，杜某与贸易公司结算，贸易公司结欠杜某洋芋款62100元，并约定一个月内付款。但某贸易公司由于一批洋芋因驾驶员疲劳驾驶，在运输途中遇到车祸，连人带车翻入山谷，不仅货物损失惨重，还要承担无法按期提供洋芋的违约责任，因此期限届满后，也无法依约向杜某履行还款义务。

2009年5月12日，朱某向法院提起诉讼，直接起诉某贸易公司，认为杜某已经怠于行使对贸易公司享有的到期债权，其行为已对朱某造成严重损害。现依法代位行使杜某的债权，要求某贸易公司偿付欠款 38792 元。

法院受理后，依法追加杜某为第三人参加诉讼。庭审时，朱某、杜某、某贸易公司对朱某与杜某、杜某与某贸易公司之间的债权债务关系没有异议。杜某也同意朱某代位向某公司主张债权。某贸易公司提出其因意外车祸也遭受损失，一时无法还款，请求延期、分期还款。双方因还款时间各持己见，致使调解未果。2009 年 8 月 16 日，法院作出判决，某贸易公司应在生效之日起 10 日内归还朱某欠款 38792 元。

答疑解惑

本案涉及一个重要法律问题，即代位权问题。代位权是指因债务人怠于行使其到期债权，对债权人造成损害的，债权人可以向人民法院请求以自己的名义代位行使债务人的债权的权利。债权人要提起代位权诉讼，应当符合下列条件：(1)债权人对债务人的债权合法，这是债权人行使代位权的前提和基础。(2)债务人怠于行使其到期债权，对债权人造成损害。按照传统代位权理论，“债务人怠于行使其到期债权”是指债务人应当行使且能够行使而不行使。应当行使，是指债务人若不及时行使权利，则可能因为诉讼时效或其他原因而使其权利得不到实现。能够行使，则是指债务人客观上有行使的能力。如果是因为次债务人无法找到或由于其他客观情况致使债务人不能向次债务人主张权利，则不构成怠于行使。这里的债权是指具有金钱给付内容的、合法的、已经到期的债权，且债务人未以诉讼方式或仲裁方式向次债务人主张权利。(3)债务人怠于行使到期债权的行为对债权人造成损害。这是指债务人不履行其对债权人的到期债务，又不以诉讼方式或者仲裁方式向其债务人主张其享有的具有金钱给付内容的到期债权，致使债权人的到期债权未能实现。(4)债务人的债权不是专属于债务人自身的债权。一般来说，专属于债务人自身的债权，是指基于扶养关系、抚养关系、赡养关系、继承关系产生的给付请求权和基于劳动报酬、退休金、养老金、抚恤金、安置费、人寿保险、人身伤害赔偿的请求权等权利。这些权利与债务人的生存与生活密切相关，所以不能由债权人代位行使。

本案中，原告朱某垫资为第三人杜某收购洋芋，第三人杜某从朱某处收购洋芋后未能全额给付朱某洋芋款和工资而给其出具了欠条，双方对此均无异议，故朱某对第三人杜某的债权合法，且债权债务关系清楚，第三人杜某理应偿付欠款。同时，杜某将收购到的洋芋转手卖给某贸易公司，且经结算，某贸易公司尚欠杜某货款 62100 元，约定一个月内归还。但是，期限届满后，杜某在自己负有债务的情况下，没有通过诉讼或仲裁等方式向某贸易公司催讨欠款，故可以认定债务人怠于向次债务人主张权利，从而给原告造成损害。因此，原告提起代位权诉讼直接起诉某贸易公司，要求某贸易公司归还欠款，符合法律规定，应予以支持。

值得一提的是，认定债务人是否怠于行使权利，一般以债务人是否对次债务人提起诉讼或仲裁。如果债务人没有通过诉讼方式或仲裁方式向次债务人主张权利，即可认定债务人怠于行使，无论是否通过私人救济方式向次债务人主张过权利。这种方法能够为法院认定债务人是否怠于行使其到期债权提供了一个明确的标准，以免因债务人或次债务人随便提出一些抗辩理由，如债务人举出一个事例说明其曾经向次债务人主张过权利或者次债务人编造各种情况说明债务人曾经向其主张过权利，或者债务人与次债务人恶意串通、伪造曾经主张权利的证据，而使代位权落空。另外，债权人行使代位权的请求数额不得超过债务人所负的债务额，同时也不能超过次债务人对债务人所负的债务额，超过的部分无效，法院也不会支持。本案朱某的诉讼请求是 38792 元，而贸易公司拖欠杜某 62100 元，低于朱某享有的对杜某债权，因此在法院的判决中，支持了原告朱某的诉讼请求。

法律链接

《中华人民共和国合同法》

第七十三条　因债务人怠于行使其到期债权，对债权人造成损害的，债权人可以向人民法院请求以自己的名义代位行使债务人的债权，但该债权专属于债务人自身的除外。

代位权的行使范围以债权人的债权为限。债权人行使代位权的必要费用，由债务人负担。

《最高人民法院关于适用〈中华人民共和国合同法〉若干问题的解释(一)》

第十一条　债权人依照合同法第七十三条的规定提起代位权诉讼，应当符合下列条件：

(一)债权人对债务人的债权合法；

(二)债务人怠于行使其到期债权，对债权人造成损害；

(三)债务人的债权已到期；

(四)债务人的债权不是专属于债务人自身的债权。

9. 债务人无偿或低价转让财产，该怎么办？

核心提示

债务人如果放弃其到期债权或者无偿转让财产，对债权人造成损害的，债权人可以请求人民法院撤销债务人的行为。

案情介绍

1999年7月至9月间，于某贵因建筑需要，向毛某志购买水泥、红砖等材料，总货款为 122568 元。2000 年 3 月 28 日，于某贵经毛某志多次催要货款，遂出具一张欠据给毛某志。2001 年 5 月 14 日，毛某志拿着于某贵立下的这份欠据向宝山县人民法院提起诉讼，法院经审理，依法于同年 6 月 4 日作出(2001)宝经初字第 374 号民事判决，判决于某贵于判决生效之日起 10 日内给付毛某志货款 122568 元。该民事判决生效后，毛某志依法向宝山县人民法院申请执行。执行时，于某贵归还了原告 2568 元，剩余货款 120000 元，于某贵未予偿还，执行人员在执行过程中查明于某贵于 1999 年 12 月 3 日与其妻卢某在宝山县人民法院调解离婚，将两人共同财产，即东至镇南大街 12 号二开间四层楼房一座及楼房内组合家具一套、大桌两张、组合柜一只、长虹 17 寸黑白电视机一台、阪神冰柜一台、摇面机一台赠与儿子于某伟，全部债务由于某贵承担，而于某贵已无财产可供执行，遂作出(2001)宝执字第 751－1 号民事裁定，终结对(2001)宝执字第 751 号执行案件的执行。原告于 2004 年 3 月获取(1999)宝民初字第 1449 号民事调解书后，遂于 2004 年 6 月 2 日以于某贵、卢某为被告，向宝山县人民法院起诉，申请撤销于某贵、卢某离婚时将共同财产赠与于某伟的赠与行为。法院受理后，依法追加于某伟为第三人参加诉讼。但在庭审时，于某贵辩称，其与卢某离婚是发生在与毛某志债权债务关系形成之前，因为宝山县石材厂欠其 100 多万元，其三角债务太多，夫妻关系恶化才导致离婚的，并不是逃避毛某志的债务才离婚的。

法院经审理后认为：毛某志与于某贵的债权债务发生的时间是 1999 年 7 月至 9 月间，于某贵、卢某于 1999 年 12 月间离婚，可以认定毛某志与于某贵的债权债务发生在于某贵、卢某结婚之后、离婚之前。于某贵、卢某在有债务的情况下，离婚时将全部共同财产在调解协议中无偿赠与自己的儿子于某伟的行为，使自己丧失了清偿债务能力，危及债权人债权的实现，两被告的行为侵害了债权人毛某志的债权。故毛某志请求撤销于某贵和卢某赠与第三人于某伟的夫妻共同财产中价值 120000 元的行为，于法有据，应予支持。故判决撤销于某贵、卢某赠与第三人于某伟的夫妻共同财产中价值120000元的行为。

答疑解惑

本案争议的焦点是：于某贵和卢某离婚时将所有共同财产赠与第三人于某伟的行为能否撤销？这就涉及民事法律中撤销权制度。撤销权，是指债权人在债务人与他人实施处分其财产或权利的行为危害债权的实现时，得请求法院予以撤销的权利。也就是说，债权人对债务人的财产并无直接支配的权利，只能对债务人请求给付，债务人得自由支配其财产。但当债务人与他人实施某种行为，使其作为债权担保的责任财产不当减少，因而损害债权人的利益，致使债权有不能实现的危险情形时，债权人可申请法院撤销债务人与他人之间的法律关系，恢复债务人的责任财产，使债权得到确保。

引起撤销权发生的要件是有损害债权的行为。债务人实施损害债权的行为主要指债务人以赠与、免除等无偿行为处分债权。无偿行为不问第三人的主观动机均得撤销。债务人、第三人若以有偿行为损害债权，则以债务人实施行为时明知损害债权和第三人受益时明知其情形为限，即债务人与第三人恶意串通，货物价值与价款悬殊，显失公平，故意损害债权人的利益。倘若第三人受益时主观上无恶意，则不能撤销其善意取得的行为，以保护交易之安全。目前一些企业借分立以转移财产，留个“空壳子”对付债权人，亦是一种损害债权行为。损害债权的行为有时还发生于担保行为之中。例如，现有财产仅能或者已不够清偿现有债权，但债务人却又将现有财产抵押、出质给新的债权人，害及其他债权人。损害债权的行为应是法律行为，倘若是事实行为，如债务人毁损财产，则无从撤销。债务人、第三人实施上述行为减少责任财产，害及债权，使债权人不能得以清偿，即可发生撤销权。

本案于某贵和卢某在离婚时将所有共同财产赠与他们的儿子于某伟的行为也是属于损害债权的行为，因此债权人毛某志可以行使撤销权。尽管于某贵和卢某夫妇在调解协议中无偿将财产赠与自己的儿子于某伟，但这属于以合法的形式将无偿赠与行为予以确认，实际上是以合法的形式掩盖非法目的的行为。这种使自己丧失了清偿债务能力的行为，危及债权人债权的实现，损害了毛某志的债权利益实现。因此，于某贵和卢某逃避债务、规避法律的行为可根据合同法的规定予以撤销。于某贵和卢某无偿赠与自己的儿子于某伟的行为就被撤销后，赠与行为自始无效。

本案还涉及一个问题，即债权人申请撤销权的范围有没有限制的问题。毛某志申请法院撤销于某贵和卢某在离婚时将财产赠与于某伟的行为，而于某贵和卢某赠与于某伟的财产至少价值在 30 万元以上，而于某贵欠毛某志的债务仅有 12 万多元，毛某志能否以 12 万多元的债务未偿还为理由而申请撤销 20 万元的赠与行为，显然，毛某志的这种申请是不妥当的，也是有悖常理的。根据《中华人民共和国合同法》第 74 条第 2 款规定，撤销权的行使范围以债权人的债权为限，原告行使撤销权只能以其受侵害的债权为限。因此，毛某志申请撤销的范围是其受侵害的债权，而不能撤销受侵害债权以外的赠与行为，故法院依照《中华人民共和国合同法》第 74 条第 1、第 2 款的规定，作出撤销于某贵、卢某赠与第三人于某伟的夫妻共同财产中价值 120000 元的行为，是符合法律规定的。

法律链接

《中华人民共和国合同法》

第七十四条　因债务人放弃其到期债权或者无偿转让财产，对债权人造成损害的，债权人可以请求人民法院撤销债务人的行为。债务人以明显不合理的低价转让财产，对债权人造成损害，并且受让人知道该情形的，债权人也可以请求人民法院撤销债务人的行为。

撤销权的行使范围以债权人的债权为限。债权人行使撤销权的必要费用，由债务人负担。

第七十五条　撤销权自债权人知道或者应当知道撤销事由之日起一年内

行使。自债务人的行为发生之日起五年内没有行使撤销权的,该撤销权消灭。

10. 父债子还吗?

核心提示

债务人生前所负的债务,继承人只在继承的财产范围内承担偿还责任。放弃继承遗产的,可以不承担被继承人生前债务。

案情介绍

黄某与龚某系同村村民。龚某与刘某于1976年2月结婚。龚某、刘某夫妇生有两子,分别是龚某华和龚某雄。2004年12月,刘某因病去世。2007年2月初,龚某因养猪缺乏资金找到黄某,要求给予帮忙。黄某表示答应。同月14日,黄某借给龚某20000元。龚某当日写下借条,载明:“借条　兹向黄某借款人民币20000元,月利率1%,特立此据。借款人 龚某 2007年2月14日。”同年6月,龚某的养猪场因一场突如其来的瘟疫,生猪几乎全部死亡,损失十分惨重。从此,龚某整天借酒消愁,情绪低落,也无心再养猪了。2008年2月,龚某因饮酒过度不幸死亡。

龚某死亡后,黄某找到龚某的大儿子龚某华,要求他为父偿还借款。龚某华认为,父亲虽然建有一个养猪场,但自2007年养猪场发生一场瘟疫后,父亲损失惨重,现父亲只留下一处祖遗房产,这处房产也是家庭共同所有,除此之外,再没有其他任何遗产,而且父亲死后还留下一屁股债务,因此不愿偿还。多次催讨未果,无奈之下,黄某一纸诉状告到法院,要求龚某的两个儿子龚某华、龚某雄偿还借款20000元及利息。

法院经审理认为，债是按照合同的约定或者法律的规定，在当事人之间产生的特定的权利义务关系。享有权利的人是债权人，负有义务的人是债务人。债权人有权要求债务人按照合同的约定或者依照法律的规定履行义务。龚某生前于2007年2月14日向黄某所借款项，应该给予偿还。现龚某于2008年2月死亡后，龚某华、龚某雄未明确放弃继承父亲遗产的权利，所以龚某华、龚某雄作为龚某的法定第一顺序继承人，依法应当在其继承的遗产实际价值的范围内承担清偿借款的义务。故黄某提出的诉讼请求，应予支持，遂判决龚某华、龚某雄应在继承龚某遗产范围内对龚某生前所欠黄某借款20000元及利息予以清偿（利息自2007年2月14日起，按照月利率1%计算）。

答疑解惑

本案涉及的是父债要不要由儿子来偿还的问题。这其实涉及继承法方面的问题。根据《继承法》第33条规定："继承遗产应当清偿被继承人依法缴纳的税款和债务，缴纳税款和清偿债务以他的遗产实际价值为限。超过遗产实际价值部分，继承人自愿偿还的不在此限。继承人放弃继承的，对被继承人依法应当缴纳的税款和债务可以不负连带责任。"对此条文的理解有三层含义：(1)如果父亲在世，对于父亲的个人债务，债权人不能要求儿子偿还；(2)如果父亲死亡，发生继承问题，如果儿子放弃继承，债权人也不能要求儿子偿还；(3)如果父亲死亡，发生继承问题，如果儿子继承遗产，儿子只在继承的财产范围内承担父债，超过部分要看儿子是否自愿偿还了。

本案中，龚某因养猪缺乏资金向黄某借款20000元，到期后，龚某尚未归还就不幸去世。龚某去世后，还遗留下一幢房产。龚某的两个儿子龚某华、龚某雄当然想继承这一处房产，毕竟是父亲留下的祖遗产业。但是，这两个儿子又不想替父亲偿还债务，认为父亲去世后，就一了百了，父亲的债务问题也就此终结，儿子没有义务为父亲偿还债务。其实这种想法是对现行法律的误解，又不符合常理。权利与义务总是一个相对应的统一体，公民在享有权利的同时，就要承担相应的义务。龚某华、龚某雄不放弃父亲龚某遗留下的房产，也就意味着他们要承担龚某生前的债务。继承多少遗产，就要承担多少债务；放弃继承遗产就可以不承担债务。因此，在法院的判决中，也只判令龚某华、龚某雄应在继承龚某遗产范围内对龚某生前所欠黄某借款 20000 元及利息予以清偿，而不是直接判令龚某华、龚某雄偿还黄某借款 20000 元及利息。当然，龚某华、龚某雄认为其父亲债务累累，遗产不足以偿还债务，可以放弃继承，那么法院就不能判决由龚某华、龚某雄承担债务，可以依法变卖龚某遗留下的房产，然后以变卖款偿还黄某的债务。

法律链接

《中华人民共和国民法通则》

第八十四条　债是按照合同的约定或者依照法律的规定，在当事人之间产生的特定的权利和义务关系。享有权利的人是债权人，负有义务的人是债务人。

债权人有权要求债务人按照合同的约定或者依照法律的规定履行义务。

第一百零八条　债务应当清偿。暂时无力偿还的，经债权人同意或者人民法院裁决，可以由债务人分期偿还。有能力偿还拒不偿还的，由人民法院判决强制偿还。

《中华人民共和国继承法》

第三十三条　继承遗产应当清偿被继承人依法缴纳的税款和债务，缴纳税款和清偿债务以他的遗产实际价值为限。超过遗产实际价值部分，继承人自愿偿还的不在此限。继承人放弃继承的，对被继承人依法应当缴纳的税款和债务可以不负连带责任。

继承人放弃继承的，对被继承人依法应当缴纳的税款和债务可以不负偿还责任。

11. 夫债妻还吗?

核心提示

婚姻关系存续期间,夫妻一方以个人名义因日常生活需要所负的债务,应认定为夫妻共同债务。债权人可以将配偶列为共同被告,要求配偶共同承担偿还责任。

案情介绍

高某从事装潢行业,经常为他人装修房屋,有时也会承包一些酒店装潢工程。吴某与高某系朋友关系,平时有到高某家串门,也认识高某的妻子宋某。2005 年 12 月 7 日,高某向吴某提出因扩大装潢业务需要借款 5 万元。当日,吴某与高某一同到银行,由吴某从银行取款 5 万元后,交给高某。高某当即向吴某出具借条。借条上载明:高某向吴某借现金 5 万元,用于扩大装潢业务,借款期限 6 个月,月利率 1.5%。借款到期后,吴某向高某讨款,因高某资金不足,故提出可以先还利息,本金继续延期。吴某表示答应。

2008 年 1—2 月,高某的装潢工程队连续发生三起装潢事故,有三个工人先后遭受重伤,被迫赔偿几十万元。再加上高某赚到钱后,经常在外面花天酒地,与宋某感情出现危机。宋某一气之下,于 2008 年 9 月向法院提起离婚诉讼。吴某得知这一情况后,经常上门催讨,要求高某、宋某还款或提供担保,但高某、宋某相互推诿,也没有能力偿还。2008 年 11 月,法院判决准予高某与宋某离婚,并对双方争议的财产进行了分割,但对高某所主张的包括本案 5 万元借款在内的债务，未作处理。2009 年 1 月 6 日，吴某向法院提起诉讼，要求高某、宋某归还借款 5 万元及自 2008 年 1 月 1 日开始的利息。

在法院审理过程中，高某表示，向吴某借款 5 万元是事实，该款主要用于扩大装潢业务，平时所挣的钱也用于家庭共同生活，现由于自己经济能力有限，没有能力偿还借款。宋某认为，自己和高某共同生活时，经济事务是分开的，高某在外一切经济上的交往自己从不参与，也从未分享过收入，故该笔 5 万债务是高某的个人债务，不能认定为夫妻共同债务，应由高某负责偿还。

法院经审理认为，合法的民间借贷关系，受法律保护。高某因扩大生产需要向吴某借款 8 万元，有高某出具的借条为证，事实清楚，证据充分，该借贷关系合法有效。根据婚姻法等有关规定，婚姻关系存续期间夫妻一方以个人名义所负债务，应当按夫妻共同债务处理，但夫妻一方能够证明债权人与债务人明确约定为个人债务，或者能够证明夫妻存在财产约定制的除外。虽然宋某辩称，在婚姻关系存续期间，其与高某的经济事务相互分开，该 5 万元借款不属于夫妻共同债务，但宋某并未举证证明其与高某之间实行夫妻财产约定制，也未有证据证明高某当时向吴某借款 5 万元系明确约定为高某个人债务，故该笔借款可认定为婚姻关系存续期间的夫妻共同债务，吴某要求高某、宋某共同归还 5 万元借款，于法有据，应予支持。故法院判决高某和宋某于本判决生效之日起 30 日内归还吴某借款 5 万元及自 2008 年 1 月 1 日起按月利率 1.5%支付利息。

答疑解惑

本案涉及婚姻关系存续期间以一方名义所借债务如何认定为夫妻共同债务的问题。在现实生活中，夫妻共同债务与个人债务的认定情况纷繁复杂。正确地认定夫妻共同债务的相关问题不仅有助于解决夫妻债务纠纷，也有助于夫妻双方各自利益以及第三方债权人利益的保护。根据《婚姻法》第 41 条规定："离婚时，原为夫妻共同生活所负的债务，应当共同偿还。"这条规定虽然没有对夫妻共同债务作出明确的界定，但在实践中，一般根据以下几个方面进行界定：(1)从时间上看，夫妻共同债务一般发生于婚姻关系存续期间，但也有发生在结婚前及离婚后，如结婚前，为了婚后共同居住生活而买房子、家具、家用电器等所负的债务，离婚之后因原有共同财产的处理，如分割原共同财产所支付的评估费、鉴定费、过户费等费用，以及子女抚养问题，比如因行使子女监护权等所负的债务，都可认定为夫妻共同债务。(2)从发生原因上看，除为满足夫妻共同生活的需要以外，还可以由共同的生产经营活动、共同赡养父母、共同抚养子女、共同管理家庭财产、共同接受继承或赠与等行为引起。(3)从性质上看，夫妻共同债务是一种无限连带债务。夫妻双方须共同对外承担责任，当夫妻共同财产不足清偿所负共同债务时，夫妻双方必须以其各自所有的个人财产对债务继续进行清偿。(4)从债务承担上看，夫妻共同债务承担属于对外责任。相对于第三人来说，夫妻双方须共同承担还债义务；而就夫妻内部而言，一方超过其应承担的债务部分，可以在离婚时请求另一方予以偿还。

一般来说，以下情况可以认定为夫妻共同债务：(1)夫妻双方因婚姻共同生活所负的债务。比如，为购买日常生活用品所负的债务，为维持基本的一日三餐而欠下的债务，按揭购买共同居住的房屋所欠的债务，为负担家用电话费所负的债务，生病去医院就诊所负的债务，等等。(2)夫妻双方因生产经营活动所负的债务。以夫妻共同财产出资，夫妻共同经营或者一方经营的，所负债务属于夫妻双方共同债务；夫妻一方经营自己的个人财产或经营他人财产，所负债务属于夫妻个人债务或他人个人债务。但在后一种情况下，如果经营的收入归夫妻共同所有或用于家庭共同生活时，夫妻另一方也必须承担一定的清偿责任，其责任范围以“收入归夫妻共同所有的财产”为限，这是权利义务相统一的要求决定的。此外，夫妻一方从事非法的生产经营活动所产生的债务应当属于非法经营方的个人债务。但是，如果夫妻另一方共同参与或者明知是非法而不明确表示反对，则说明其主观上也有故意，此种情况下可认定为夫妻共同债务。(3)夫妻双方因管理共同财产所产生的债务。现实生活中，夫妻双方需要对共同财产进行管理，为了方便，共同财产的管理常常由一方行使。不论是夫妻双方还是夫妻一方对共同财产进行管理，由此产生的债务都应归于夫妻共同债务的范畴，如因维修家用电器所产生的债务、因修理共有车辆所产生的债务等。(4)夫妻双方履行法定抚养、赡养义务所负债务。根据最高人民法院《关于人民法院审理离婚案件处理财产分割问题的若干具体意见》第 17 条的规定，夫妻为履行抚养、赡养义务等所负债务为夫妻共同债务。通常情况下，抚养双方婚内生育的亲子女、形成合法收养关系的养子女、形成抚养关系的继子女所产生的债务，属于夫妻共同债务；因对夫妻双方老人履行赡养义务而欠下的债务，也属于夫妻共同债务。但对于一方因婚外情所生育的子女，夫妻另一方没有抚养义务。(5)夫妻双方因遗产继承或接受赠与所负的债务。根据婚姻法规定，婚姻关系存续期间，夫妻一方因继承或受赠所得财产一般属于夫妻共同财产，但遗嘱或赠与合同中确定只归一方的除外。因此，因共同继承或受赠的财产而产生的债务，属于夫妻共同债务。比如，因继承房屋而产生的遗产税、过户费用等所产生的债务。(6)夫妻一方或双方接受教育培训所负的债务。通常情况下，夫妻一方或双方接受教育培训，诸如学业深造、职业技能培训等所负债务可归入夫妻共同债务。(7)夫妻双方约定为共同债务的债务。根据《婚姻法》第 19 条关于财产约定的相关规定，对于夫妻共同所有的财产，或者各自所有的财产，夫妻双方可以通过约定的方式改变其归属，且在第三人知道的情况下，该约定对第三人产生效力。同理，对于夫妻共同债务或者各自的个人债务，夫妻也可以约定其承担方式，这符合民法的意思自治原则。但是，夫妻双方的约定不能违反法律、社会公共利益和损害第三人的利益。(8)分居期间发生的债务。婚姻关系存续期间，夫妻双方因某种原因而分居，夫妻一方对外所欠债务的性质应根据一方举债的具体情况具体分析。如果用于正常生活所需，则应当属于夫妻共同债务，如果一方借债从事不正当活动或者满足本人奢侈消费，因此而产生的债务属于一方个人债务。

本案高某与吴某之间的借款发生在高某与宋某夫妻关系存续期间，虽然借款用于其装潢工程队的开支，且宋某也没有参与装潢队经营，但高某所挣取的钱也用于家庭共同生活，且宋某也无法证明吴某与高某明确约定该债务为高某的个人债务，也不能证明宋某与高某已约定婚姻关系存续期间的财产归各自所有，且吴某已知道该约定。故该笔债务可认定夫妻共同债务，应按宋某与高某的夫妻共同财产共同偿还。当夫妻共同财产不足清偿所负共同债务时，夫妻双方还必须以其各自所有的个人财产对债务继续进行清偿。

法律链接

《中华人民共和国民法通则》

第八十四条　债是按照合同的约定或者依照法律的规定，在当事人之间产生的特定的权利和义务关系。享有权利的人是债权人，负有义务的人是债务人。

债权人有权要求债务人按照合同的约定或者依照法律的规定履行义务。

《中华人民共和国婚姻法》

第四十一条　离婚时，原为夫妻共同生活所负的债务，应当共同偿还。共同财产不足清偿的，或财产归各自所有的，由双方协议清偿；协议不成时，由人民法院判决。

《最高人民法院关于适用〈中华人民共和国婚姻法〉若干问题的解释(二)》

第二十四条　债权人就婚姻关系存续期间夫妻一方以个人名义所负债务主张权利的，应当按夫妻共同债务处理。但夫妻一方能够证明债权人与债务人明确约定为个人债务，或者能够证明属于婚姻法第十九条第三款规定情形的除外。

12. 婚内借款有效吗？

核心提示

要认定婚内借款关系是否成立，不能仅仅依据夫或妻出具的一纸“借条”，还要看是否实际发生过夫或妻一方将自己个人所有的款项出借给另一方的事实。

案情介绍

叶某的父亲从事海产品生意，家庭经济条件比较好。叶某和王某均在某市一家私营企业上班，月工资 600 元左右。经同事撮合，叶某与王某经过一段时间恋爱后，于 1996 年 5 月 6 日登记结婚。王某因婚前一场车祸欠张某 41200 元一直不敢向叶某表明，成为王某的一个心病。婚后，张某也经常向王某催讨。王某无奈，只好向妻子叶某坦白。叶某得知这一情况后，向其父亲提出。其父亲也是一个通情达理的人，马上拿出 4 万元给女儿，并交代必要时，可以叫王某出具借条。1997 年 3 月 18 日，王某拿到 4 万元后，想到这本是岳父的钱，既然是从妻子手中拿到的，为表示这笔债今后一定要自己还，就给妻子出具借条一份，还约定了利息。

时间过得很快，一晃七年过去了。王某从一个公司普通员工晋升到公司部门经理，收入明显增多。但钱多了，心思也多了，从网上认识了一个女的后，就移情别恋。叶某发现后，经过多次规劝，王某仍然我行我素。一气之下，叶某一纸诉状告到法院。2006 年 1 月，法院判决准予王某与叶某离婚。但叶某一时气愤，也忘记了 1997 年王某出具给她的那张借条。离婚后的她越想越气愤，于是，2006 年 7 月 3 日，叶某再次诉至法院，要求王某归还借款 4 万元及利息 1.2 万元。庭审时，王某辩称，这份借条是夫妻存续期间自己出具的，属于夫妻共同财产，况且夫妻之间的钱，就像钱放在上口袋与下口袋，拿在左手与右手一样，哪能分清彼与此、借与还，故请求法院驳回叶某的诉讼请求。

法院经审理认为，婚内借款系合法民事行为，叶某与王某之间的借款关系成立并有效，应受法律保护。本案中，婚内所借款项虽然是从叶某的父亲取得的，但可认定为叶某个人财产，且王某拿到将该款项后不是用于夫妻或家庭共同生活，而是用于偿还婚前个人债务，故王某应全额偿还该借款。故判决王某应归还叶某借款本金 4 万元及利息 1.2 万元。

答疑解惑

本案争议的焦点是：夫妻之间的婚内借款是否有效？要判断夫妻之间的婚内借款是否有效及是否归还，可以从以下几个方面进行分析：

1. 所借款项属于夫妻一方的个人财产。这时财产关系明确，对于出借方，自然有权处分属于自己的财产。这种情况下的婚内借款符合民间借贷合同的有关规定，因为我国合同法及相关法律并不禁止有夫妻身份的自然人作为借款合同的主体，并且婚姻法也明确规定夫妻在婚姻关系存续期间可以实行财产分别制，可以拥有个人专属的财产，因此无论是否已经离婚，如果男方没有按约归还借款，女方有权要求男方予以归还。但女方负有证明借款关系的存在以及所借款项属于自己个人财产的举证责任。

2. 所借款项属于夫妻的共同财产。根据《婚姻法》第 19 条规定："夫妻可以约定婚姻关系存续期间所得的财产以及婚前财产归各自所有、共同所有或部分各自所有、部分共同所有。"也就是说，夫妻可以通过协议将共同财产变为个人财产。对于婚内借款，如果借款协议中明确规定了或者从借款协议的内容及其他证据能够证明或推断出，该借款协议实质上已经将夫妻共有财产中的一部分变更为夫妻一方的个人财产，那么这种情况与前面分析的第一点相同。但是，生活中还存在另一种情况。比如，有的家庭通常实行所谓的“老婆负责制”，家庭的主要财产，包括共同财产，都由妻子管理，大部分开销都要经妻子同意。如果丈夫需要支出数额比较大的花费，如做生意、炒股，而妻子又不同意，这时丈夫可能会以借款的方式向妻子先借一笔钱并保证以后按期如数归还。对于这类借款协议，形式上看似属于丈夫借妻子钱，但实质上是属于丈夫行使原本就属于自己的对共有财产的所有权和管理权，故不认定为借贷关系。因为，对于夫妻共有财产，即便在平日生活中家里的“财政大权”由妻子掌控，但在法律上不能限制和排除丈夫对夫妻共有财产的支配权。因此，丈夫向妻子借钱的行为实属因为自己无法享有平等的财产支配权而向妻子作出的一种让步，丈夫的真实意思表示并非是承认该笔借款属于妻子个人所有。而且丈夫以借款的形式向妻子借钱的行为，是夫妻双方之间对共有财产的使用处分作出的一种约定，即丈夫可以使用处分该笔“借款”，只不过附了一个条件，即日后仍须如数归还，但必须指出的是，该笔借款的来源是夫妻共有财产，以后归还的款项仍然属于夫妻共有财产，同样不能简单认为这笔借款就属于妻子一方的个人财产，借款的共有属性并不因为借款协议的存在而发生变化。

此外，对于来源于夫妻共有财产的借款，由于这笔借款本质上源于共有财产，因此，在离婚后，如果妻子要求丈夫偿还的话，也只能要求对方偿还属于自己的一部分。也就是说，如果采用财产对半分的方法，对于发生于婚内的夫妻间借款，在离婚后，出借方只能要求对方返还一半的借款，而借入方也只需归还借款的一半。

值得注意的是，如果双方在离婚协议中对婚内借款协议重新进行了确认，此时就可能产生《婚姻法》第19条所规定的将夫妻共有财产转变成个人财产的法律效力。也就是说，即便借款源自夫妻共有财产，但借入方已经在离婚协议上认可了将这笔借款全部作为出借一方的个人财产，这时应全额归还借款，而不是归还一半。离婚协议不同于婚姻关系存续期间内的借款协议，前者的目的就在于分割财产，双方在离婚协议上约定的内容可以直接表明双方对共有财产如何分配的真实意思表示，而婚内借款协议在有些情况下所反映的行为人意思表示并不够明确，需要具体情况具体分析。

就本案而言，王某向叶某借4万元，该款项虽然是从叶某的父亲取得的，但可认定为叶某个人财产，且王某拿到该款项后不是用于夫妻或家庭共同生活，而是用于偿还婚前个人债务，故应由王某全额偿还该借款。

法律链接

《中华人民共和国民法通则》

第八十四条　债是按照合同的约定或者依照法律的规定，在当事人之间产生的特定的权利和义务关系。享有权利的人是债权人，负有义务的人是债务人。

债权人有权要求债务人按照合同的约定或者依照法律的规定履行义务。

《中华人民共和国婚姻法》

第十九条　夫妻可以约定婚姻关系存续期间所得的财产以及婚前财产归各自所有、共同所有或部分各自所有、部分共同所有。约定应当采用书面形式。没有约定或约定不明确的，适用本法第十七条、第十八条的规定。

夫妻对婚姻关系存续期间所得的财产以及婚前财产的约定，对双方具有约束力。

夫妻对婚姻关系存续期间所得的财产约定归各自所有的，夫或妻一方对外所负的债务，第三人知道该约定的，以夫或妻一方所有的财产清偿。

13. 无借据的债权能否受法律保护?

核心提示

在民间借贷中,债权人对自己提出的诉讼请求所依据的事实有责任提供证据加以证明。没有证据或者证据不足以证明当事人的事实主张的,由负有举证责任的当事人承担不利后果。

案情介绍

2007 年 12 月 31 日,纪某向法院提起诉讼,纪某称他与陈某是同村村民,2000 年 6 月,他与邱某、郑某和黄某合伙经营机砖厂;2005 年 3 月,他与郑某退伙。经结算,共得盈利款 12 万多元,每股分红 3 万元。当他们在机砖厂分款时,陈某刚好路过,便向他借款 5000 元,当时,因与陈某系同村,平时关系也比较好,经常在一起聊天,故没有写借条。此后几年一直没有向陈某催讨。2007 年 10 月 27 日,他到陈某家催讨,但陈某称原来的债权债务早已结清,结清后再没有向他借过钱并起争执。陈某拨打了 110 报警,经警方调解仍无法解决。警方告知当事人到法院解决。庭审时,邱某、郑某和黄某均到庭作证,证明陈某当时向他借 5000 元,而陈某均予以否认,并称这三位证人与纪某关系较好,又曾经合伙经营机砖生意,其证人证言不具有可采信性。

法院经审理认为,原、被告双方系同村,且原告提供的三个证人也证实被告向原告纪某借款 5000 元的事实,虽然原告无法提供借条,但结合本案具体情况,该借款事实可予以认定。故判决陈某应归还纪某借款5000元及自起诉之日起按同期银行贷款利率计息。判决后，陈某不服，提起上诉。二审法院审理后认为有些细节没有查清遂发回重审。原审法院重审后，仍认为借款事实足以认定，维持原审法院判决。判决后，陈某不服，再次提起上诉，二审法院再次审理后认为原告提供的三个证人，但仍不足以证明陈某向纪某借款的事实，应由纪某承担举证不能的法律后果，遂改判驳回纪某的诉讼请求。

答疑解惑

本案争议的焦点是：无借据的债务能否受法律保护？一审法院的判决是基层法官根据农村日常生活中的经验而作出。主审法官在事实难以认定的情况下还亲自到原告居委会调取有关原告的品行情况，居委会也出具证明，认为原告比较率直，信誉好，没从事过非法的事情，还是村民代表。原告年纪较大，多次主动到法庭陈述本案案情，每次向法庭陈述时情绪都较为激动，多次表示如果没有借款给被告，欺骗法庭，其断子绝孙。主审人也曾向参与调解的派出所同志了解，派出所同志也认为借款的可能性较大。因此，一审法院综合各种调查情况，运用逻辑推理和日常生活经验对借款事实进行了认定。

二审法院更多地从举证责任的角度进行纯法律审查分析作出判决，认为纪某与邱某、郑某和黄某合伙经营的机砖厂是事实，在2005年3月也有分红，但不能据此推定纪某有借款给陈某的事实。对证人证言的证据审查要求也比较严格，认为证人的证词虽一定程度上证明了借款情况，但由于证人证言的复杂性，证人的证言在一些细节上存在瑕疵，在没有其他相关证据相互印证的情况下，原告所举证据的证明力仍然不足以证明借款的事实。证据不足，应承担不利的法律后果，故判决驳回原告的诉讼请求。

其实，我国是熟人社会，在农村的民间借贷中，由于双方相互信任，特别是在双方有一定的亲戚、朋友关系的借款中，出借方因碍于面子开不了口要借条，借款方也没主动出具借据，一旦发生纠纷时出借方很难举出足够有力的证据，有时明明是借了钱也得吃哑巴亏。

本案的审理也告诫人们，在现实生活中，民间借贷不管是亲戚还是朋友，虽然双方都相互信任，但在借款时，还应出具借据为好。这样，对出借人而言有利于将来行使追索权，免除借款人拒不认账的忧虑，从而使自己的合法权益得到更好的保护。

法律链接

《中华人民共和国民事诉讼法》

第六十四条　当事人对自己提出的主张，有责任提供证据。

《最高人民法院关于民事诉讼证据的若干规定》

第二条　当事人对自己提出的诉讼请求所依据的事实或者反驳对方诉讼请求所依据的事实有责任提供证据加以证明。

没有证据或者证据不足以证明当事人的事实主张的，由负有举证责任的当事人承担不利后果。

二、债务期限

14. 借款期限不明确，能否随时要求归还借款？

核心提示

借款双方对借款期限发生争议，如果借款合同没有约定或约定不明，债务人应在合理的催告期内及时还款。

案情介绍

刘某系某镇中心小学一名教师，李某在该镇中心小学附近开一家食杂店。两人相识多年，平时刘某也经常在李某的食杂店购买生活用品等。2005 年 2 月中旬，李某因扩大食杂生意缺乏资金找刘某帮忙，准备借款 5 万元，月利率可以 2%计算。刘某自工作以来，一直省吃俭用，几年下来，也攒了 4 万多元，都存放在银行里，没有用。听了李某的话后，觉得刘某自己有家食杂店，至少值 10 万元，又有这么高的利率，比存放在银行合算多了，于是就答应了李某的请求，说只能借 4 万元，但有个条件，以后有用到钱时，提前几天向李某讨，李某要按时归还。李某表示答应，向刘某保证：提前一周告知，一定准时还钱。2005 年 2 月 25 日，刘某与李某签订借款合同一份，上载明："借条　甲方：刘某　乙方：李某　今李某因食杂店缺乏资金向刘某借款人民币 4 万元，月利率按 2%计，如果刘某需要讨回借款，提前一周通知，李某无论如何要如数归还借款，特此为据。借款人　李某　2005 年 2 月 25 号。”签订合同后，刘某即将现金 4 万元付给李某。

2008 年 5 月，刘某想在该市区购买一处房产，就向李某提出，要求李某在一个月之内还款付息。但最近几年因镇中心开了一家大型超市后，李某的食杂生意一直不景气，且在 2007 年 8 月间也在城区购买一套房产，因钱不够，也以按揭的形式每月归还银行贷款 2000 多元，因此，对于刘某提出的一个月之内还款的请求，实在难以兑现。往日的保证成了一纸空文。在多次催讨未果的情况下，刘某于 2008 年 7 月 23 日向法院起诉，要求判令李某立即归还借款 4 万元及利息。

法院经审理认为，合法的借贷关系受法律保护。李某起诉要求刘某归还借款，有李某与刘某双方签订的借款合同为据，其借款意思表示清楚、形式要件完备，应予确认，刘某应承担还款义务，故李某的诉请，应予支持。借条上载明若刘某需要，提前一周通知李某，李某应归还借款，可视为对借款期限约定不明确。但刘某可根据需要随时要求归还借款，李某应在合理的催告期限内还款。但李某经刘某催讨，仍不依约归还欠款，已构成违约，遂判决李某应于判决生效之日起 7 日内归还刘某借款 4 万元及利息（自 2005 年 2 月 25 日起至李某实际归还之日止，按月利率 2％计算）。

答疑解惑

本案争议的焦点是：无借款期限的借条，债务人应何时还款？应该说，按照合同约定的期限返还借款是借款人的一项主要义务。根据《合同法》第 206 条的规定，借款人应当按照约定的期限返还借款，对借款期限没有约定或者约定不明确的，借款人可以随时返还。贷款人可以催告借款人在合理期限内返还。因此，当事人未约定还款期限的，首先应当依据《合同法》第 61 条的规定来确定，即当事人可以就还款期限一事进行协商，达成补充协议。对于不能达成补充协议的，可以按照合同有关条款或当事人之间的交易习惯来确定。如果按照以上规定仍然不能确定的，那么，借款人可以随时返还借款。贷款人也有权向借款人发出催告，要求其在合理的期限内返还借款。这个“合理期限”，法律未作出明确规定，主要是考虑到借款人与贷款人对借款的返还期限的要求是不同的，如果规定统一的还款期限不能适应不同的情况。因此，该合理期限由贷款人根据实际情况来确定。在发生纠纷时，人民法院也可以根据具体情况来判定该期限是否合理。

本案中，李某与刘某未明确约定借款归还期限，也没有就还款期限达成补充协议，因此，贷款人刘某依法可随时主张，要求借款人李某在一个月之内归还借款。此时李某应在合理的催告期限内，即一个月之内还款。但李某经刘某多次催讨，仍未在合理期间内归还欠款，已构成违约，故法院依法作出上述判决。

法律链接

《中华人民共和国合同法》

第六十一条　合同生效后，当事人就质量、价款或者报酬、履行地点等内容没有约定或者约定不明确的，可以协议补充；不能达成补充协议的，按照合同有关条款或者交易习惯确定。

第二百零六条　借款人应当按照约定的期限返还借款。对借款期限没有约定或者约定不明确，依照本法第六十一条的规定仍不能确定的，借款人可以随时返还；贷款人可以催告借款人在合理期限内返还。

15. 债权人能否在借款期限届满之前讨回借款？

核心提示

在借款合同履行过程中，借款期限未届满，但借款人已经出现债务危机，有恶意转移财产、逃避债务的倾向，债权人可在借款期限届满之前要求债务人提前还款。

案情介绍

汤某系某县振兴鳗鱼养殖场场主。因养殖场生意比较好赚钱，汤某一直在扩大生产。生意越做越大，所需的周转资金也越来越多，因此汤某经常向同村村民及亲朋好友借款，一般在 2 万～10 万元之间，月利率一般在 2%～3%。同村村民及亲朋好友也看好汤某的养殖场，愿意把钱借给汤某。汤某刚开始也十分守信用，均按时还款付息。2007 年下半年开始，鳗鱼市场开始趋向疲软，汤某的养殖场也受到很大的冲击，汤某也因此欠下许多债务。这时的汤某开始“拆东墙补西墙”，这边借一点，那边还一点，整天疲于借款与还款之间。刚开始，还能应付，但时间一久，债主越来越多，汤某的信用也越来越差。从 2008 年 3 月 4 日开始，一些债权人陆陆续续向法院起诉，要求汤某归还借款及利息。

周某是汤某的朋友，他在某私人公司上班，收入还可以。平时工作比较忙，对于汤某负债的事也不太清楚。因此，2008 年 1 月初，汤某找他借款时，他也不知道汤某债务已经开始出现危机。他见朋友有难，资金周转困难，开口向他借钱，就二话不说，借给汤某 5 万元，约定借期一年，月利率1.5%。同年6月初，周某在与朋友胡某的聊天中得知汤某已经负债累累、许多债主已经向法院起诉汤某的消息。有的起诉法院已经作出判决，一些债主已经申请法院强制执行。于是，周某看着自己手中的借条叹气。叹气之余，他想到了他的一个当律师的同学许某。经咨询，他决定委托律师代理他的官司。2008年6月9日，周某委托的许某向法院起诉，以汤某欠下多笔欠款未还，已经以自己的行为表明无法依约履行该债务，构成预期违约为由，要求汤某在债务履行期限届满之前承担违约责任，偿还全部债务。

法院经审理认为，合法的借贷关系受法律保护。汤某向周某借款5万元的事实，有周某提供的由汤某具结的借条证实，故借款事实可以认定。周某与汤某之间虽然对借款期限作出了约定，且借款期限尚未届满，但至庭审之日止，汤某已经欠下多笔欠款未还，有的已经进入法院强制执行程序，汤某已经以自己的行为表明其无法依约履行该债务，构成预期违约，因此周某有权要求汤某在债务履行期限届满之前承担违约责任，偿还全部债务。遂依法判决汤某应在判决生效之日起10日内归还周某借款5万元及利息。

答疑解惑

本案争议的焦点是：债权人能否在借款期限届满前主张权利？这涉及民事法律中的一个重要制度，即预期违约。预期违约是指当事人一方在合同规定的履行期间到来之前，明示或默示其将不履行合同。根据《合同法》的有关规定，构成预期违约必须具备三个条件：(1)行为必须发生在合同履行期限届满前。预期违约行为如发生在合同履行期限到来之后就不能叫预期违约，而是一般的实际违约，因此，预期违约行为表现为将来不履行义务，侵害的是期待的债权，而不是现实的债务。(2)必须存在法定事由。一种情况是明示的预期违约，即在合同履行期限到来之前，一方当事人在无正当理由的情况下，向另一方当事人明确表示不履行主要债务。“明确表示”往往是指以肯定方式明白告诉对方，如发正式通知、信件、传真等足以让对方理解其意思表示的方式。另一种情况是默示的预期违约，即在履行到来之前，一方当事人虽然没有明确表示不履行债务，但以自己的行为或现状表明其将不会或不能履行债务。所谓“以自己的行为或现状”，是指一方当事人通过自己的行为或自己明确存在的实际状况让对方当事人有确切证据足以预见到其在履行期限届满时将不会履行或不能履行合同主要义务。“不履行主要债务”是指不履行合同规定的具有重要地位合同性质的合同义务，这将导致合同根本不能履行、合同目的根本不能实现。(3)违约的实际损害结果尚未发生，换言之，预期违约不是实际违约，而是可能违约。

发生上述情况，债权人该如何依法保护自己的合法权益呢？一般来说，在明示毁约中，当事人一方明示毁约时，另一方可以根据自身的利益作出选择，既可以解除合同并要求赔偿损失，也可以置对方的提前毁约于不顾而继续保持合同的效力，以等待对方在履行期届满时履约。若对方届期仍不履约，则提起违约赔偿之诉。在默示毁约中，预见他方将违约的一方当事人可以中止履行合同而请求对方提供履约保证。如果对方在合理的期限内不能提供履约的充分保证，则可以视为对方毁约，从而要求另一方当事人提前偿还债务。

在本案中，周某将自己辛苦挣来的钱借给汤某经营使用，可是还款期限未满时，汤某就因债务累累而官司缠身，导致汤某有可能不能履行到期还款义务。由于还款期限未到，周某就以汤某的行为已经构成预期违约为由，在借款期限届满前向汤某主张权利，要求汤某提前偿还债务。法院在查清汤某已经欠下多笔欠款未还，有的已经进入法院强制执行程序仍未自动履行等事实的基础上，认为汤某已经以自己的行为表明其无法依约履行该债务，构成预期违约，故判决支持了周某的诉讼请求。

在现实生活中，还会遇到以下情况，当事人也可以对方预期违约为由，要求对方提前履行合同义务：(1)公民甲借款给公民乙生产经营之用，并约定一定还款期限。期间，公民乙在未委托他人经管其工厂情况下，突然去向不明，所经营的工厂陷于停顿状况中，尽管借款时间未到期,公民甲也可以通过起诉方式以对方预期违约为由,要求提前解除合同,归还借款。(2)公民甲借款给公民乙生产经营之用,并约定一定还款期限。期间,公民乙因对市场行情预测出错,导致其经营不断亏损,或产品大量积压,或工人工资不能发放,或出现债权人围门等情况,即使借款尚未到期,公民甲也可以向乙发出通知,以对方存在预期违约为由,要求提前解除合同,由乙提前归还借款。双方协商不成的,甲方可向法院提起诉讼。(3)公民甲借款给公民乙并约定由乙分期还款的情形。如果公民乙在第一个还款日期未能按期履行主要债务时,公民甲亦可以对方存在预期违约情形为由要求解除合同。比如,公民甲借款 20 万元给公民乙使用,约定分 4 次归还,每次还 5 万元,第一次还款日期届满时,公民乙未能归还 5 万元或只归还了几百元,这种情况下,公民甲完全可援引预期违约制度,要求与乙解除合同,而不必等到期限届满才主张权利。

法律链接

《中华人民共和国合同法》

第九十四条　有下列情形之一的,当事人可以解除合同:

(一)因不可抗力致使不能实现合同目的;

(二)在履行期限届满之前,当事人一方明确表示或者以自己的行为表明不履行主要债务;

(三)当事人一方迟延履行主要债务,经催告后在合理期限内仍未履行;

(四)当事人一方迟延履行债务或者有其他违约行为致使不能实现合同目的;

(五)法律规定的其他情形。

第一百零八条　当事人一方明确表示或者以自己的行为表明不履行合同义务的,对方可以在履行期限届满之前要求其承担违约责任。

三、债务利息

16. 未约定利息的借款合同，债权人能否请求债务人支付逾期利息？

核心提示

公民之间的定期无息借贷，债权人要求债务人偿付逾期利息，或者不定期无息借贷经催告不还，债权人要求债务人偿付催告后利息的，可参照银行同类借款的利率计息。

案情介绍

章某在某县繁华街道经营一家新潮服装店，与滕某是高中同学。倪某是某县医院职工，与滕某是初中同学。2006 年 10 月初，章某因服装店缺乏资金，找滕某帮忙。滕某自己帮不上忙，却很热心，表示可以找她同学倪某帮忙。于是她将章某要借钱的事告诉倪某。倪某觉得既然滕某开口了，就表示同意。同月 12 日，滕某带章某到倪某家中，向倪某借款 20000 元。借款时，倪某考虑到章某的借款期限只有一个月，且又是滕某的初中同学，故没有约定借款利息。章某拿到 20000 元后，具结一张借款条给倪某，借条载明："兹向倪某借款人民币贰万元，借期一个月。借款人　章某　2006 年 10 月 12 日。"

借款到期后，倪某因为与章某不太熟悉，没有直接向章某催讨，而是找滕某，叫她帮忙催讨。滕某多次打电话给章某，叫他及时还款。章某表示，暂时无法还款，要求延长期限，并愿意按月利率1.5%支付逾期的利息。滕某就将这一要求告知倪某。倪某想到自己一时不急着用钱，就答应了章某的要求。2008年11月，倪某的父亲生病住院，急需用钱，于是找滕某和章某，要求还款。在倪某和滕某多次向章某讨款未果的情况下，2009年1月9日，倪某诉至法院，要求章某立即还款，并依约按月利率1.5%，自2006年10月12日起开始付息。

庭审时，章某辩称，向倪某借款20000元属实，当时只约定了还款期限，但未约定支付利息，故不愿意偿付利息，也不愿意按月利率1.5%付息。

法院经审理认为，章某向倪某借款20000元，约定借款期限一个月，有章某出具的借条一张为据，事实清楚，证据充分，债权债务关系明确，章某应依法承担偿还债务责任。原告主张按月利率1.5%自2006年10月12日起开始付息，因倪某提供的由章某具结的借条中未对如何支付利息作出约定，又未提供充分的证据证实按月利率1.5%付息的主张，故可视为在借款期限内不支付利息，但章某未按照约定的期限返还借款，应当按照银行同期贷款利率支付逾期利息。遂依法判决章某应在判决生效之日起10日内归还倪某借款20000元及利息(利息从2006年11月13日起至还清借款之日止按银行同期贷款利率计算)。

答疑解惑

本案争议的焦点是：债权人能否主张无息借款的逾期利息问题。对此，实务界有4种不同的意见。第一种意见认为，按照《中华人民共和国合同法》第211条"自然人之间的借贷合同对支付利息没有约定或者约定不明的，视为不支付利息"，原、被告在借款时未约定支付利息，应当驳回原告要求被告给付利息的诉讼请求。第二种意见认为，原、被告在订立借款合同时，虽然没有约定支付利息，但被告未在双方约定的还款期限内履行还款义务，构成违约，应当承担赔偿责任，即按照《中华人民共和国民法通则》第 112 条第 1 款“当事人一方违反合同的赔偿责任，应当相当于另一方因此所受到的损失”的规定赔偿原告的实际损失。如果被告逾期还款导致原告经营贷款，原告贷款所支付的利息，即为原告所受到的损失，否则应按银行同期个人存款利率计算原告的损失。第三种意见认为，被告逾期还款后，原告虽然多次向被告索要借款，但并没有证据证明原告向被告索要过利息。2007 年 11 月 20 日，被告在其给原告出具的原借条上签名时，未约定支付利息和还款日期。因此，应视为原告对 2005 年 12 月 1 日至 2007 年 11 月 20 日间的利息或损失已经放弃。原告只能在 2007 年 11 月 20 日之后再次催要借款未果的情况下，要求被告承担催款之后至还款之日间的利息或损失。如果原告有证据证明自己因贷款受到了损失，应按其贷款利率计算损失，否则应视为原告的钱存入银行，按银行个人同期存款利率计算损失。第四种意见认为，被告应从 2005 年 12 月 1 日起按银行同类贷款利率向原告支付利息损失。

法院最后采纳了第四种意见，其主要理由是：(1)虽然《中华人民共和国合同法》第 211 条规定“自然人之间的借款合同对支付利息没有约定或者约定不明的，视为不支付利息”，但此规定只是针对借款期限内对支付利息没有约定或者约定不明的情形，并没有对逾期还款后的利息是否支持作出规定。(2)被告逾期还款构成违约，应当按照《中华人民共和国民法通则》第 106 条第 1 款、第 112 条第 1 款的规定，承担民事赔偿责任，赔偿数额应当相当于原告的实际损失，即从被告逾期还款之日起到被告履行还款之日止。虽然被告在原告多次催要后，于 2007 年 11 月 20 日在原借条上签名时也未约定支付利息，但原告要求被告在借条上签名的目的是中断诉讼时效，并没有表示放弃逾期利息的意愿。从公平原则来说，被告在控制、使用原告金钱的过程中，原告确实遭受了经济损失，该损失是由于被告的过错造成的，理应由被告承担。(3)原告要求被告按银行同类贷款利率支付利息，符合法律规定。依照《最高人民法院关于贯彻执行〈中华人民共和国民法通则〉若干问题的意见（试行）》第123条“公民之间的无息借款，有约定还款期限而借款人不按期偿还，或者未约定还款期限但经出借人催告后，借款人仍不归还的，出借人要求借款人偿付逾期利息的，应当予以准许”的规定，即使借贷双方在借款时没有约定支付利息，但在借款人逾期还款情形下，法律赋予出借人收取逾期利息的权利。对于按照何种标准计算利息，《最高人民法院关于人民法院审理借贷案件的若干意见》第9条作出明确的规定：“公民之间的定期无息借贷，出借人要求借款人偿付利息，或者不定期无息借贷经催告不还，出借人要求偿付催告后利息的，可参照银行同类贷款的利率计息。”

在审判实践中，不少法院以《最高人民法院关于贯彻执行〈中华人民共和国民法通则〉若干问题的意见（试行）》第124条和《最高人民法院关于人民法院审理借贷案件的若干意见》第8条来处理类似案件，虽然裁判结果相同，但适用法律错误。上述条款是处理借贷双方对有无约定利率和约定利率不明发生争议的规定，并不是处理公民之间无息借款逾期偿还的依据，应予以纠正。

法律链接

《中华人民共和国合同法》

第二百一十一条　自然人之间的借款合同对支付利息没有约定或者约定不明的，视为不支付利息。自然人之间的借款合同约定支付利息的，借款的利率不得违反国家有关限制借款利率的规定。

第二百零七条　借款人未按照约定的期限返还借款的，应当按照约定或者国家有关规定支付逾期利息。

《最高人民法院关于贯彻执行〈中华人民共和国民法通则〉若干问题的意见（试行）》

第一百二十三条　公民之间的无息借款，有约定偿还期限而借款人不按期偿还，或者未约定偿还期限但经出借人催告后，借款人仍不偿还的，出借人要求借款人偿付逾期利息，应当予以准许。

《最高人民法院关于人民法院审理借贷案件的若干意见》

第九条　公民之间的定期无息借贷，出借人要求借款人偿付逾期利息，或者不定期无息借贷经催告不还，出借人要求偿付催告后利息的，可参照银行同类贷款的利率计算。

17. 民间借贷高利率该如何认定？

核心提示

民间借贷的利率可以适当高于银行的利率，各地人民法院可根据本地区的实际情况具体掌握，但最高不得超过银行同类贷款利率的 4 倍（包含利率本数）。超出此限度的，超出部分的利息不予保护。

案情介绍

2003 年 11 月 14 日，陈某作为甲方、梁某作为乙方，双方签订编号为 20031120《借款合同》，约定："一、梁某向陈某借款人民币 100 万元；二、借款期限自 2003 年 11 月 21 日至 2004 年 3 月 31 日；三、利息为月息 2.4%，利息在每月 20 日一次性支付。"2004 年 8 月间，梁某的表哥林某代梁某归还陈某借款本金 106000 元。2004 年 11 月 15 日，陈某（甲方）、梁某（乙方）签订《借款合同（二）》，该借款合同注明是原借款合同的补充合同，内容写明："一、2004年 5 月 20 日，乙方再次向甲方借入 10 万元，合共借款总额 110 万元，自 2004 年 5 月 21 日起以本金 110 万计付利息；二、自 2004 年 4 月 21 日起，合同编号 20031120《借款合同》第三条的借款利息变更为 3.4%；利息为月息 3.4%。"2005 年 5 月 21 日，梁某与陈某就借款问题进行结算，经结算，梁某向陈某具结了一份《还款确认函》，内容为："陈某女士：就20031120《借款合同》，以及2004年11月15日的《借款合同（二）》的实际履行情况，本人保证如下：1.截止至2005年5月20日尚欠本金110万元，本人保证在2005年7月25目前还清；2.同时确认，截止至2004年7月22日，梁某已归还的378800元，另外由梁某的表哥林某出借给陈某的人民币10万元自5月21日起直接用于冲抵梁某所拖欠的借款本金，自5月21日起按照本金100万元计息；3.所拖欠的2005年4月21日前的利息本人保证在2005年12月31日前清还；4.本人保证按期清还2005年4月22日起的利息。"在《还款确认函》的下方有梁某与陈某的签名。而后，经陈某多次催讨，梁某仍未偿还。2005年9月10日，陈某向法院提起诉讼，要求梁某归还借款及利息。庭审中，因林某代偿106000元的时间不清楚，陈某与梁某一致同意林某2004年8月间代偿的106000元按归还本金计算。

法院经审理认为，陈某向梁某借款110万元的事实，有借款合同证实，事实清楚，证据充分，法院予以认定。陈某要求梁某偿还借款合法有据，法院予以支持。关于利息的计算，因借款合同约定利息应在当月支付，并无约定每月应归还借款本金，故梁某每月归还的款项应先扣除当月应付利息后再归还借款本金。《借款合同（二）》中，陈某和梁某重新约定自2004年4月21日起计算高额利息，是对原约定高额利息的延续。但根据《最高人民法院关于人民法院审理借贷案件的若干意见》第6条规定，民间借贷利率可以适当高于银行利率，但最高不得超过银行同类贷款利率的4倍，超出此限度的利息部分不予保护。双方约定的利率过高，经查2003年11月至2004年9月30日期间银行6个月以内贷款年利率为5.04％（换算月利率的4倍为1.68％），6个月至1年期贷款年利率为5.31％（换算月利率的4倍为1.77％）。陈某现主张2％的月利率，仍然超过上述银行同期贷款利率的4倍，故对超出部分法院不予支持。2003年12月22日至2004年4月22日期间因借款未超过6个月，该期间所还利息应按月利率1.68％计算。2004年5月22日至7月22日期间借款已超过 6 个月未到 1 年，该期间所还利息应按月利率 1.77%计算。按此计算，截止至 2004 年 7 月 22 日，梁某已归还的 378800 元中，支付利息金额应为 122989.04 元，归还本金金额为 255810.96 元，尚欠本金 844189.04 元。林某在 2004 年 7 月 22 日以后的 8 月间又代偿还借款本金 106000 元，应予以确认，可从本金中扣除，扣除后尚欠本金 738189.04 元。《还款确认函》确认将陈某欠林某的 10 万元从借款本金中冲抵，故截止至 2005 年 5 月 22 日，梁某还欠借款本金 638189.04 元。遂依法判决梁某在本判决生效之日起 10 日内归还借款本金 638189.04 元并支付利息给陈某，利息按中国人民银行同期贷款利率的 4 倍，从 2004 年 7 月 23 日至 2005 年 5 月 21 日以本金 738189.04 元计算；从 2005 年 5 月 22 日起至实际还清借款本金之日止以本金 638189.04 元计算。

答疑解惑

本案争议的焦点是高利贷如何界定的问题。高利贷，或叫大耳窿、地下钱庄，是指索取特别高额利息的贷款，它是一种超过正常利率的借贷。目前，我国境内民间的高利贷有驴打滚、羊羔息、坐地抽一等。驴打滚：多在放高利贷者和农民之间进行，借贷期限一般为 1 个月，月息一般为 3～5 分，到期不还，利息翻番，并将利息计入下月本金，依此类推，本金逐月增加，利息逐月成倍增长，像驴打滚一样。羊羔息：借一还二，如年初借 100 元，年末还 200 元。坐地抽一：借款期限 1 个月，利息 1 分，但借时须将本金扣除十分之一，到期按原本金计息，如借 10 元，实得 9 元，到期按 10 元还本付息。

但是，对于利息超过多少才构成高利贷，目前在立法和司法中都没有统一的规定和解释，在实践中只能按照民法通则和有关法律规定的精神，本着保护合法借贷关系，有利于生产和稳定经济秩序的原则，对具体的借贷关系进行具体分析，然后再认定其是否构成高利贷。一般来说，在确定高利贷时，应注意区别生活性借贷与生产经营性借贷，后者的利率一般可以高于前者。因为生活性借贷只是用于消费，不会增值；而生产经营性借贷的目的，在于获取超过本金的利润，因此，它的利率应高于生活性借贷的利率。不过，无论怎么高，最高不得超过银行同类贷款利率的 4 倍(包含利率本数)。超出此限度的，超出部分的利息不予保护。下面列出的中国人民银行贷款利率表(一)至(三)，主要包括了 1996 年以来，中国人民银行发布的各阶段的银行贷款利率。根据此表，我们可以很快知道每个时期借款的最高利率。如 2006 年 9 月 2 日借款，借款期限 6 个月，根据查询此表，我们知道该段时间内，银行贷款年利率是 5.58%，那么当事人约定的最高年利率不得高于 22.32%，换算做月利率，就不得高于 1.86%(22.32%÷12)。如果借款期限 10 个月，则适用年利率 6.39%，那么当事人约定的月利率不得高于 2.13%(6.39%×4÷12)。超出此限度的，超出部分的利息不予保护。

中国人民银行贷款利率表(一)

种类	1996-8-23	1997-10-23	1998-3-25	1998-7-1	1998-12-7	1999-6-10	2002-2-21
6个月内(含6月)	9.18	7.65	7.02	6.57	6.12	5.58	5.04
1年以下(含1年)	10.08	8.64	7.92	6.93	6.39	5.85	5.31
1至3年(含3年)	10.98	9.36	9	7.11	6.66	5.94	5.49
3至5年(含5年)	11.7	9.9	9.72	7.65	7.2	6.03	5.58
5年以上	12.42	10.53	10.35	8.01	7.56	6.21	5.76

中国人民银行贷款利率表(二)

种类	2004-10-29	2006-4-28	2006-8-19	2007-3-18	2007-5-19	2007-7-21	2007-8-22
6个月内(含6月)	5.22	5.4	5.58	5.67	5.85	6.03	6.21
1年以下(含1年)	5.58	5.85	6.12	6.39	6.57	6.84	7.02
1至3年(含3年)	5.76	6.03	6.3	6.57	6.75	7.02	7.2
3至5年(含5年)	5.85	6.12	6.48	6.75	6.93	7.2	7.38
5年以上	6.12	6.39	6.84	7.11	7.2	7.38	7.56

中国人民银行贷款利率表(三)

种类	2007-9-15	2007-12-21	2008-9-16	2008-10-9	2008-10-30	2008-11-27	2008-12-23
6个月内(含6月)	6.48	6.57	6.21	6.12	6.03	5.04	4.86
1年以下(含1年)	7.29	7.47	7.2	6.93	6.66	5.58	5.31
1至3年(含3年)	7.47	7.56	7.29	7.02	6.75	5.67	5.4
3至5年(含5年)	7.65	7.74	7.56	7.29	7.02	5.94	5.76
5年以上	7.83	7.83	7.74	7.47	7.2	6.12	5.94

法律链接

《中华人民共和国民法通则》

第八十四条　债是按照合同的约定或者依照法律的规定,在当事人之间产生的特定的权利和义务关系。享有权利的人是债权人,负有义务的人是债务人。

债权人有权要求债务人按照合同的约定或者依照法律的规定履行义务。

第一百零八条　债务应当清偿。暂时无力偿还的,经债权人同意或者人民法院裁决,可以由债务人分期偿还。有能力偿还拒不偿还的,由人民法院判决强制偿还。

《最高人民法院关于人民法院审理借贷案件的若干意见》

第六条　民间借贷的利率可以适当高于银行的利率,各地人民法院可根据本地区的实际情况具体掌握,但最高不得超过银行同类贷款利率的四倍(包含利率本数)。超出此限度的,超出部分的利息不予保护。

《中华人民共和国合同法》

第二百零七条　借款人未按照约定的期限返还借款的,应当按照约定或者国家有关规定支付逾期利息。

18. 借款合同中约定的复利是否有效?

核心提示

出借人不得将利息计入本金谋取高利。审理中发现债权人将利息计入本金计算复利的,其利率超出法律规定的限度时,超出部分的利息不予保护。

案情介绍

2006年1月26日，陈某向钟某借取现金计2万元用于周转。同年2月26日，陈某向钟某转写金额为3万元的借条一张，3万元包括原告钟敬生新借给的9700元现金、同年1月26日原借的2万元以及该2万元按月利率1.5%计算的一个月的利息300元。《借条》载明："今借到钟某人民币叁万元整，利息按月利率1.5%计算。每季度付清利息。此外，从2006年8月26日起月利率为1.7%。今借人：陈某。2006年2月26日。"借条末尾陈某附注"附季度利息在一月内付清不计息，超过一月外则计息"字样，意即，上一季度的利息若陈某在下一季度（下三个月）的第一个月以内付清，利息不滚入本金；若在下季度的第一个月外付清，则利息滚入本金。借款后，陈某未付分文本金及利息。

2008年2月6日，钟某找到陈某对借款的本金及利息进行了结算，结算的利息标准分别为：2006年2月26日至同年8月26日为月利率1.5%，2006年8月26日至2007年2月26日为月利率1.7%，2007年2月26日至2008年2月26日为月利率2%。每季度的利息金额因被告一直未还款均计入了下一季度的本金。经结算，至2008年2月26日止陈某共欠钟某本金45685.97元。陈某在《结算一览表》签上"以上结算本人同意，陈某"字样表示认可。结算后，陈某付给其中的85.97元后，即对其中的4万元重新出具了借条一张，借条落款日期为2008年2月26日，内容为："今借到钟某人民币计肆万(元)整，月息2.5%按季度付息。借期时至2008年12月底以前。今借人陈某，2008年2月26日。"对其中的5600元则另行出具了落款日期为结算当日(2008年2月6日)的欠条一张，欠条载明："今欠到钟某人民币计伍仟陆百元整。在本月底付清，超期可按月息2.5%计算。今欠人陈某，2008年2月6日。"此后，虽经钟某多次向陈某催收，陈某仍未给付分文本息。2009年4月，钟某向法院提起诉讼，要求陈某还款付息。

法院经审理认为，原、被告之间的民间借贷关系，依法成立，合法有效。《最高人民法院关于人民法院审理借贷案件的若干意见》规定出借人不得将利息计入本金谋取同期同类贷款利率4倍以外的高利，并未禁止出借人将利息计入本金计算合理的复利，因此，原、被告双方逾期利息计入本金计算复利的约定，是双方当事人的真实意思表示，未违反禁止性规定，应予支持，但超出合理限度的利息应予剔除。陈某向钟某借款时虽未言明借款期限，但2008年2月6日双方已对二年期间的借款本息进行结算，故2008年2月26日以前的借款利率应参照二年期幅度内同期同类贷款利率计算；而陈某出具的落款日期分别为2008年2月6日、2月26日的欠条、借条已约定付款期间分别为一个月内、当年年底前，故该欠款、借款之利率应分别参照中国人民银行规定的6个月期限内、1年期限内的同期同类贷款利率计算。按该标准，双方约定的2008年2月26日以前的月利率水平未超出中国人民银行规定的同期同类贷款利率的4倍，因此，此前的本息计算应尊重双方的约定，但双方约定的2008年2月26日起至今的2.5%之月利率已超出同期同类贷款利率的4倍，故对其超出部分的利息不予保护。陈某在借款后有及时偿还的义务，但至今仍未偿还，应承担相应的违约责任。故判决陈某应偿还钟某4万元；陈某应支付钟某上述第一项借款之利息（按本金4万元计算，其中：2008年2月26日至同年9月15日的月利率为2.49%，2008年9月16日至同年10月8日的月利率为2.4%，2008年10月9日至同年10月29日的月利率为2.31%，2008年10月30日至同年11月26日的月利率为2.22%，2008年11月27日至同年12月22日的月利率为1.86%，2008年12月23日至2009年3月31日的月利率为1.77%；2009年4月1日至付清之日止，如中国人民银行规定的同期同类贷款月利率的4倍超出2.5%，则月利率按2.5%计算，如低于2.5%则按同期同类贷款月利率的4倍计算）；陈某应偿还钟某人民币5600元；陈某应支付钟某上述第三项借款之利息（按本金5600元计算，其中：2008年3月1日至2008年9月15日的月利率为 2.19%，2008 年 9 月 16 日至同年 10 月 8 日的月利率为 2.07%，2008 年 10 月 9 日至同年 10 月 29 日的月利率为 2.04%，2008 年 10 月 30 日至同年 11 月 26 日的月利率为 2.01%，2008 年 11 月 27 日至同年 12 月 22 日的月利率为 1.68%，2008 年 12 月 23 日至 2009 年 3 月 31 日的月利率为 1.62%；2009 年 4 月 1 日至付清之日止，如中国人民银行规定的同期同类贷款月利率的 4 倍超出 2.5%，则月利率按 2.5%计算，如低于 2.5%则按同期同类贷款月利率的 4 倍计算)；本案应执行内容限被告于本判决生效后一个月内全部履行完毕。

答疑解惑

本案争议的焦点是：复利是否受法律保护的问题。民间借贷中将利息转为本金再计息的方法称为“计复利”，俗称“驴打滚”，其直接的外在表现就是将利息转化为本金，然后再对转为本金的利息再计算利息，最终结果是导致在基础贷款额不变的情况下贷款额客观上急剧增加。虽然《最高人民法院关于人民法院审理借贷案件的若干意见》(以下简称《意见》)第 7 条规定：“出借人不得将利息计入本金谋取高利。审理中发现债权人将利息计入本金计算复利的，其利率超出第六条规定的限度时，超出部分的利息不予保护。”但在现实生活中，对复利是否受法律保护仍存在争议。第一种观点认为，复利行为应认定有效，受法律保护。因为，计单利和计复利相比，仅仅是计算方式的不同，民间借贷将利息计入本金，更换借据后，形成了新的债权债务关系，如债权人基于新的借据起诉，只要计息利率不超出法定限额即应受到法律保护，法律不应给予过多的干涉和限制。第二种观点认为，计复利的行为不应受法律保护。主要理由是：(1)计单利和计复利不仅在计算方式上有所区别，而且在计算结果上存在巨大差异，其利益归属迥异，绝非殊途同归。(2)民间借贷约定的利率一般较高，若再重复计息，则往往超过银行同类贷款利率的 4 倍，因此，对计复利问题应依法严格计算。(3)对于更换后的新借据，不能认为贷款人签了字，就是其真实意思表示，就形成了新的债权债务关系。因为一纸新借据，往往掩盖了计高息、计复利、预扣利息等损害贷款人合法权益的行为，其社会危害性不可低估，如果对新借据的形成过程不加过问，则可能违背有关法律规定，加重贷款人的责任。贷款人一般处于弱势地位，其更换借据的行为往往出于无奈，受暴力、胁迫而为的行为并不少见，凡当事人能够举证在换据时对方施以欺诈、胁迫等手段或乘人之危的，都应认定所换借据无效。单利、复利之争本质上反映了公平与效率的矛盾关系，应看到，公平是人类最基本的精神需求，如果社会公平明显失衡，社会秩序可能受损，就会影响经济的发展。

实际上，上述两种意见均有偏颇，既有对的，也有不对之处，其关键之处在于忽视了重复计息后是否超过银行同类贷款利率4倍的问题。根据《最高人民法院关于贯彻执行〈中华人民共和国民法通则〉若干意见（试行）》第125条规定“公民之间，出借人将利息计入本金计算复利的，不予保护”；以及《最高人民法院关于人民法院审理借贷案件的若干意见》第7条规定，出借人不得将利息计入本金谋取高利。审理中发现债权人将利息计入本金计算复利的，其利率超出第6条（民间借贷利率可以适当高于银行的利率，但最高不得超过银行同期贷款利率的4倍）的规定的限度时，超出部分的利息不予保护。公民与法人或其他组织间的民间借贷纠纷中的“计复利”问题应直接使用《最高人民法院关于人民法院审理借贷案件的若干意见》第7条，也就是说出借人在同期贷款利率的4倍内可以计算复利。因此，从契约自由的角度来说，在当事人约定的计息标准不违法的前提下，这种“驴打滚”式的计息法，如果不超过同期贷款利率的4倍，就应当认定为有效，如果超过同期贷款利率的4倍，超过部分无效，不受法律保护。这样才能有利于维护权利人的合法权益，维护正常的经济交往秩序，也有利于诚信和谐的社会体系的构建。

法律链接

《中华人民共和国合同法》

第二百零七条　借款人未按照约定的期限返还借款的，应当按照约定或者国家有关规定支付逾期利息。

第二百一十一条　自然人之间的借款合同对支付利息没有约定或者约定不明确的，视为不支付利息。

自然人之间的借款合同约定支付利息的，借款的利率不得违反国家有关限制借款利率的规定。

《最高人民法院关于人民法院审理借贷案件的若干意见》

第六条　民间借贷的利率可以适当高于银行的利率，各地人民法院可根据本地区的实际情况具体掌握，但最高不得超过银行同类贷款利率的四倍（包含利率本数）。超出此限度的，超出部分的利息不予保护。

第七条　出借人不得将利息计入本金谋取高利。审理中发现债权人将利息计入本金计算复利的，其利率超出第六条规定的限度时，超出部分的利息不予保护。

19. 期限届满后，一方当事人归还借款，是先归还本金，还是先归还利息？

核心提示

借款合同期满后，出借人向借款人归还借款，双方对于归还的借款是归还借款本金还是归还利息有争议，可参照银行的交易习惯，先清偿利息，再归还本金。

案情介绍

梁某在某镇开办一家服装厂。2008 年 1 月 29 日，梁某因年底向工人发放工资、奖金需要资金向张某借款 50000 元，约定借款期限至 2008 年 5 月 31 日，月利率 1%。2008 年 6 月 28 日，梁某归还 5000 元。同年 7 月 28 日，梁某又归还 10000 元。其余欠款经张某多次催讨，梁某均以资金周转困难为由无法履行还款义务。2009 年 7 月 25 日，张某向法院提起诉讼，要求梁某立即还本付息。

在审理过程中，张某、梁某对双方借款及归还借款的事实没有异议，但对梁某分两次归还张某共计 15000 元，是用于先归还本金还是先归还利息存在争议。张某认为，借款时双方口约是先归还利息，多余部分是归还本金。梁某认为，还款时，就向张某提出，先归还本金，利息等有钱后再还，当时张某并未提出异议，故应按先归还本金，后归还利息的计算方式，余款愿意分期分批归还。

法院经审理认为，合法的借贷关系受法律保护。根据张某提供的借据一份，可以证明梁某向张某借款 50000 元，故对该借款事实可予认定。梁某分两次共向张某归还借款 15000 元，有梁某提供的张某出具的收条为凭，故对还款事实也可以认定。对于梁某偿还的 15000 元究竟是用于归还本金还是归还利息，因双方均未提供合法有效的证据证实其主张，可参照银行的交易习惯，可认定该款项用于抵扣欠款利息，后归还本金。故依法判决梁某应本判决生效后 10 日内归还张某借款 37975 元及利息（自 2008 年 7 月 29 日起至还清之日止，按月利率 1%支付利息）。

答疑解惑

本案争议的焦点是：这笔逾期还款到底是归还本金还是归还利息？对此，主要有两种意见：一种意见认为，先还本金还是先还利息应依据民间交易习惯。民间借贷大都是因家庭生活或者经营出现暂时困难，又无力支付银行利息，或因其他原因无法争取到银行贷款而形成。在借贷双方出于自愿且存在很多信用因素的情况下，贷款方出借的目的包含有互助因素在内。虽然借款人不能按期归还借款，贷款人的利益受到了威胁，但这种逾期大都并非出于借款人的主观意志，况且借款人也相应地承担了延期还款的利息，在此，对于纠纷处理时，应以尽量减轻借款人负担为原则，视为首先清偿本金为宜。另一种意见认为，过分保护了债务人的利益，就忽视了债权人合法权益，如果借款人偿还的款项不能确定偿还本金还是利息的，应先抵扣利息，剩余部分抵扣本金，以维护债权人的合法权益。

法院采纳了第二种意见。根据《合同法》第 205 条的规定："借款人应当按照约定的期限支付利息。对支付利息的期限没有约定或者约定不明确，依照本法第六十一条的规定仍不能确定，借款期间不满一年的，应当在返还借款时一并支付；借款期间一年以上的，应当在每届满一年时支付，剩余期间不满一年的，应当在返还借款时一并支付。"因此，借款人应按照以下规定的期限向出借人支付利息：(1)借款期间在一年之内的，在返还借款时一并支付，即利息在借款合同期限届满时和本金一并支付。(2)借款期限在一年以上的，在每届满一年时支付，剩余期间不满一年的，在返还借款时一并支付。(3)期限届满后，借款人没有一并支付本金与利息，即支付部分款项的，可参照银行的交易习惯，先清偿利息，再归还本金。2009 年 9 月 8 日，浙江省高级人民法院发布的《关于审理民间借贷纠纷案件若干问题的指导意见》第 25 条第 2 款规定"债务人除借款本金之外还应当支付利息和费用，当其给付不足以清偿全部债务时，并且当事人没有约定的，法院应当按照下列顺序抵充：(一)实现债权的有关费用；(二)利息或者违约金；(三)借款本金。债权人主动放弃前述偿债顺序利益的，法院应当予以尊重"，也是遵循了这一先归还利息后偿还本金的处理原则。

本案梁某于 2008 年 6 月 28 日归还借款 5000 元。经计算，共 5 个月，按本金 5 万元计算 5 个月的利息为 2500 元，故清偿利息 2500

元后，还剩下2500元用于归还本金。故至2008年6月29日，仍欠本金47500元。2008年7月28日，梁某又归还10000元。至此，本金47500元，月利率1%，一个月的利息为475元。故至2008年7月29日，仍欠本金47500－(10000－475)＝37975元。

法律链接

《中华人民共和国民法通则》

第八十四条　债是按照合同的约定或者依照法律的规定，在当事人之间产生的特定的权利和义务关系。享有权利的人是债权人，负有义务的人是债务人。

债权人有权要求债务人按照合同的约定或者依照法律的规定履行义务。

第一百零八条　债务应当清偿。暂时无力偿还的，经债权人同意或者人民法院裁决，可以由债务人分期偿还。有能力偿还拒不偿还的，由人民法院判决强制偿还。

《中华人民共和国合同法》

第二百零五条　借款人应当按照约定的期限支付利息。对支付利息的期限没有约定或者约定不明确，依照本法第六十一条的规定仍不能确定，借款期间不满一年的，应当在返还借款时一并支付；借款期间一年以上的，应当在每届满一年时支付，剩余期间不满一年的，应当在返还借款时一并支付。

20. 民间借贷能否约定违约金？

核心提示

民间借贷中，当事人约定了违约金，系双方当事人意思自治的表示，如不违反国家法律规定，法院应予支持。

案情介绍

2008年7月12日,吴某向徐某借款5万元并签订借款合同一份。双方约定,借款期限为30天,如果吴某到期不还将承担借款总额的30%作为违约金。后吴某未按期还款,徐某经多次催讨未果,于2009年8月5日向法院提起诉讼,要求吴某返还5万元并支付违约金1.5万元。吴未答辩。

法院经审理认为,徐某与吴某签订的借款合同合法、有效,具有法律约束力,双方当事人应当全面履行协议的约定。吴某借款后未按约归还,显属违约,应当承担清偿债务的民事责任。现徐某根据合同约定向吴某主张违约金,因合同约定并不违反国家法律规定,系双方当事人意思自治的表示,予以支持。故判决吴某归还徐某借款5万元,并支付原告违约金1.5万元。

答疑解惑

本案争议的焦点是:民间借贷中约定违约金的条款是否有效?大家都知道,银行金融机构的借款一般都在借款合同中约定本金、利息(正常息)、逾期息(罚息)、违法使用贷款的违约金等条款,那么民间借贷可否在借款合同中约定,要求借款人支付借款的正常利息及逾期息(罚息)、违约金呢?目前的法律和司法解释对此均没有明确规定。对于双方当事人约定违约金是否应当认定其效力,在司法实践中存在两种相反的观点。持肯定意见的认为,法律并未明确禁止在借贷合同中约定违约金,那么就属于当事人意思自治的范畴,应当承认其法律效力。持否定意见的则认为,《合同法》第207条的规定限定了借贷合同的违约责任承担方式仅为支付逾期利息,而且借贷合同的标的物为货币本身,因此,出借人的损失只能是利息损失。

法院在审理本案的过程中,采纳了第一种意见。这主要是由违约金的性质所决定的。根据《合同法》第114条第1款的规定:“当事人可以约定一方违约时应当根据违约情况向对方支付一定数额的违约金,也可以约定因违约产生的损失赔偿的计算方法。"该规定体现了违约金数额和实际损失相匹配的理念,体现了违约金的补偿性特征。同时,该条第 3 款规定:"当事人就迟延履行约定违约金的,当事人支付违约金后,还应当履行债务。"这体现了违约金具有一定的惩罚性质。由此可见,我国合同法对违约金的性质规定是以补偿性为主,以惩罚性为辅。我国立法对违约金双重属性的折中认可,决定了当事人在合同中约定违约金条款的合法性,并且允许当事人约定惩罚性的违约金。就民间借贷合同来说,当事人就逾期还款约定违约金,相当于《合同法》第 114 条第 3 款规定的迟延履行违约金,带有一定惩罚性质,是对合同履行的一种担保,起到督促借款人履行还款义务的作用。而《合同法》第 207 条只是体现了借款人承担违约责任的方式,但并未排斥违约金等其他形式的责任承担方式,违约金和逾期利息两种方式并不冲突。因此,在民间借贷合同中,应当允许当事人就逾期还款约定违约金,作为承担责任的一种方式。实践中,多数法院也对借款合同中约定违约金的效力予以承认。

但是,如果发现违约金数额明显过高、违反民法公平原则或者有放高利贷规避法律嫌疑的,法院可以主动进行审查,并予以调整。因为,相比银行贷款,民间借贷更加方便、快捷,能够有效实现社会资金的合理配置,活跃资本市场。也正是由于民间借贷容易的特点,决定了它的风险大于银行贷款,相应的,它的贷款利率高于银行利率。如果不对民间借贷加以规范,放纵高利贷,会导致借款人由于高额利息无力偿还,严重扰乱金融市场秩序,滋生各种犯罪活动。因此,法院可根据《合同法》第 114 条第 2 款的规定:"约定的违约金低于造成的损失的,当事人可以请求人民法院或者仲裁机构予以增加;约定的违约金过分高于造成的损失的,当事人可以请求人民法院或仲裁机构予以适当减少",并结合《最高人民法院关于人民法院审理借贷案件的若干意见》关于民间借贷的利率最高不得超过银行同期利率的 4 倍的规定,对当事人在借款合同中约定逾期还款的利息和违约金的总和高于银行同类贷款4倍的，予以调整，对超出幅度的部分应认定为无效，不予支持。

法律链接

《中华人民共和国合同法》

第八条　依法成立的合同，对当事人具有法律约束力。当事人应当按照约定履行自己的义务，不得擅自变更或者解除合同。

依法成立的合同，受法律保护。

第一百一十四条　当事人可以约定一方违约时应当根据违约情况向对方支付一定数额的违约金，也可以约定因违约产生的损失赔偿额的计算方法。

约定的违约金低于造成的损失的，当事人可以请求人民法院或者仲裁机构予以增加；约定的违约金过分高于造成的损失的，当事人可以请求人民法院或者仲裁机构予以适当减少。

当事人就迟延履行约定违约金的，违约方支付违约金后，还应当履行债务。

四、债务担保

21. 私立学校、医院、幼儿园等民办非企业单位能否为他人提供担保?

核心提示

私立学校、医院、幼儿园等民办非企业单位虽然带有营利性,但其仍是公益法人,其依法不得作为保证人。

案情介绍

2000年9月20日,某银行与甲公司签订了一份贷款合同,约定由该银行提供借款50万给甲公司,期限12个月,自银行划款之日起计算。某私立学校出具一份承诺书给银行,承诺其确保甲公司到期能一次性还清银行借款,若甲公司到期不还清借款,其愿意承担还款的责任。某银行依约将借款50万发放给了甲公司。借款到期后,甲公司未能依约还款,某银行要求某私立学校承担还款责任,某私立学校则以自己不具备保证人资格为由拒绝履行保证责任。某银行诉至法院,要求甲公司立即偿还借款本息、逾期利息等其他款项,并要求某私立学校承担连带保证责任。

答疑解惑

本案争议的焦点是:某私立学校能否作为保证人?其以保证人

的身份签订的保证合同是否具备法律效力？《担保法》第9条规定："学校、幼儿园、医院等以公益为目的的事业单位、社会团体不得为保证人。"依照该规定，学校、幼儿园、医院等以公益为目的的事业单位、社会团体不论其为法人或非法人组织，均不得担任保证人。但上述规定在适用中仍然存在着一些问题，如是否只有以公益为目的的事业单位或社会团体不能作保证人？以公益为目的的介于事业单位、社会团体之间的单位如私人医院、私人学校能否充任保证人？一般来说，以公益为目的的介于事业单位和社会团体的单位主要是为社会提供服务的，虽然不是事业单位和社会团体，但仍没有违背"公益"的性质，如果允许他们可以充任保证人，社会危害很大。如某市有一家私立小学，为另一家企业的债务作保证人，企业到期不能履行债务，债权人诉到法院后，法院强制执行了该小学的财产，最终导致了学校无法正常开课，而学生也无法到其他学校去就读，大批学生失学，最后在社会上造成很大的混乱。因而法律上应当明确规定，凡是以公益为目的的事业单位、社会团体及其他组织都不得作保证人。

有一种观点认为，目前我国出现的私立学校、医院、养老院、幼儿园等主体开设的目的是为了盈利，且其具有代偿能力，故在我国目前对此类主体作为保证人作出禁止性规定之前，这些主体作为保证人的保证合同应认定有效。《担保法》之所以作出学校、幼儿园、医院等民事主体不得为保证人的规定，并不是因为上述主体不具有代偿能力，而是因为其具有公益目的，因此，尽管私立学校、医院、幼儿园等具有盈利性，但由于其具有公益性，故其也不得为保证人。《担保法》禁止学校成为保证人，并未区分是否为营利或非营利。我国《担保法》颁布于1995年，虽然按照当时的法律规定，学校、医院等都是公益非营利性的事业单位，但随着改革的进一步深化，一部分学校，医院为营利性质，可以定义为公益营利性法人。然而担保是一项特殊的民事活动，《担保法》对于学校等作为保证人已作了特殊的限制性规定。对于限制性的法律规定，除非法律另有明确规定（例如担保法禁止国家机关作为保证人，但经国务院批准为使用外国政府或者国际经济组织贷款进行转贷的除外)，否则，适用法律不能超出限制范围之外。《最高人民法院关于适用〈中华人民共和国担保法〉若干问题的解释》第16条的规定，也是对除《担保法》第9条规定以公益为目的的事业单位、社会团体不得作为保证人之外的那些非公益性的事业单位或社会团体担任保证人所作出的解释。而公立或私立学校都具有社会公益性，不适用该条解释规定。因此，本案中，某私立学校不具备保证人资格，其做出的保证行为是无效的。但因其本身具有一定的过错，所以某私立学校也应承担一定的民事责任。

法律链接

《中华人民共和国担保法》

第五条　担保合同是主合同的从合同，主合同无效，担保合同无效。担保合同另有约定的，按照约定。担保合同被确认无效后，债务人、担保人、债权人有过错的，应当根据其过错各自承担相应的民事责任。

第九条　学校、幼儿园、医院等以公益为目的的事业单位、社会团体不得为保证人。

《最高人民法院关于适用〈中华人民共和国担保法〉若干问题的解释》

第七条　主合同有效而担保合同无效，债权人无过错的，担保人与债务人对主合同债权人的经济损失，承担连带赔偿责任；债权人、担保人有过错的，担保人承担民事责任的部分，不应超过债务人不能清偿部分的二分之一。

22. 行政机关能否对外提供担保?

核心提示

行政机关作为公法人,是不能作为担保人的,其做出的担保行为是无效的,但是,虽然行政机关做出的担保行为无效,仍然不能免除行政机关的责任,其应对自己的过错行为承担相应的民事责任。

案情介绍

2000 年 年 9 月,某肉联厂以过节生产需要集中备料为由,向银行申请贷款 30 万元,经银行审查认为:肉联厂生产很不稳定,似有亏损苗头,不打算贷款支持。就此,农业局主动出面当贷款保证人,而且针对该厂现状,制定了改进性措施。银行再次考虑到既有主管机构出面担保,而且肉联厂是全县唯一的肉联厂家,关系到全县 40 多万人口的节日食品供应,决定贷款 30 万元,期限 6 个月,由其主管部门农业局担保,约定承担连带经济责任,并签订了贷款合同。后经银行在贷款检查时发现,农业局在肉联厂贷款到手后就撒手不管,原先向银行提交的改进性措施并没有实现,肉联厂照样没有多大变化,相反,由于产品质次价高,销路不好,再加上出了一些生产性事故,企业已发生大额亏损。至贷款到期时,企业已经出现资不抵债的情况,经银行多次追偿无望,遂向法院起诉,要求肉联厂归还贷款,并要求农业局承担贷款的连带赔偿责任。

答疑解惑

本案争议的焦点是贷款保证的主体资格问题。农业局提供的保证行为是否有效？农业局是否应当对这笔贷款承担清偿责任？这是一个简单的保证纠纷案件，企业对于贷款事实并不否认，只是没有能力偿还；农业局作为政府部门，对于提供保证的事实也没有否认，但是以行政单位不能提供担保为由，认为保证无效，自己不承担责任。国家机关不能作为保证人是我国担保法明确规定的，它之所以不能作为保证人，实际上是由其性质所决定的。国家机关的开销来自税收，是纳税人的钱，是公共财产。它不能用公共财产为个体利益作担保。法律规定国家机关不能提供担保，提供担保会影响其公共管理职能。因此，农业局作为国家机关，不能作为保证人是毫无疑问的，但是农业局主张免责的抗辩理由能够成立吗？在这种情况下，从法律角度看，银行还能追究保证人的责任、最大限度避免资产损失吗？以后遇到类似的情况，其他提供保证的人也以此为抗辩理由，银行还有什么办法吗？相关法律规定，担保合同无效的，担保人有过错时，仍然应当承担相应的民事责任。

在这个案件中，农业局作为政府部门，明知道国家机关不能作为保证人提供担保，仍然提供担保，最后，还以行为违反法律规定为理由，不承担责任进行抗辩，显然于法无据，其仍然应对该笔贷款承担一定的清偿责任。

法律链接

《中华人民共和国担保法》

第五条　担保合同是主合同的从合同，主合同无效，担保合同无效。担保合同另有约定的，按照约定。担保合同被确认无效后，债务人、担保人、债权人有过错的，应当根据其过错各自承担相应的民事责任。

第八条　国家机关不得为保证人，但经国务院批准为使用外国政府或者国际经济组织贷款进行转贷的除外。

《最高人民法院关于适用〈中华人民共和国担保法〉若干问题的解释》

第七条　主合同有效而担保合同无效，债权人无过错的，担保人与债务人对主合同债权人的经济损失，承担连带赔偿责任；债权人、担保人有过错的，担保人承担民事责任的部分，不应超过债务人不能清偿部分的二分之一。

23. 没有约定保证期限，保证期间是多长？

核心提示

保证合同没有约定保证期间的，保证期间为主债务履行期限届满之日起6个月；保证合同约定的保证期间早于或者等于主债务履行期限的，视为没有约定，保证期间为主债务履行期届满之日起6个月。保证合同约定保证人承担保证责任直至主债务本息还清时为止等类似内容的，视为约定不明，保证期间为主债务履行期届满之日起二年。主合同对主债务履行期限没有约定或者约定不明的，保证期间自债权人要求债务人履行义务的宽限期届满之日起计算。

案情介绍

2003年3月28日，被告陈某从原告李某处借款5万元，由被告张某提供保证担保，约定保证方式为一般保证，借款时间为2003年3月28日至8月31日。被告陈某向李某出具了借条，张某作为一般保证人在借条上签名。原告李某在2003年年底前多次向陈某和张某催要款项，被告陈某、张某均未向其还款，2004年5月，原告李某诉至法院，要求被告陈某承担偿还借款本金以及逾期利息，亦要求被告张某在陈某财产强制执行后仍不能履行债务时承担保证责任。

答疑解惑

本案争议的焦点是：被告张某的保证期间是多长？被告张某是

否需要对该债务承担保证责任？本案中债权人与一般保证人未约定保证期间，依照担保法的规定，保证期间为主债务履行期限届满之日起 6 个月。因本案的借款期限届满日为 2003 年 8 月 31 日，故本案的保证期间到 2004 年 2 月 29 日。因为一般保证人享有先诉抗辩权，所以债权人不能直接在保证期间内要求保证人承担保证责任，而是应当在保证期间内向债务人提起诉讼或申请仲裁，如果债权人在保证期间内向债务人提起诉讼或申请仲裁，则不再计算保证期间，保证期间转化为保证债务的诉讼时效，债权人则可以在保证债务的诉讼时效内要求保证人承担保证责任。如果债权人没有在保证期间内向债务人提起诉讼或申请仲裁，则保证人可以免除保证责任。本案的原告李某应当在 2004 年 3 月 1 日前起诉借款人陈某，因为原告未在此期限前起诉，直到 2004 年 5 月才提起诉讼，这已经过了 6 个月的保证期间，故保证人张某可以免除保证责任。虽然原告李某在保证期间内要求一般证人张某承担还款责任，但因张某提供的是一般保证，故张某在与原告李某未起诉债务人陈某之前享有先诉抗辩权，不承担保证责任，原告李某只有在保证期间内起诉债务人陈某，才能要求保证人张某承担一般保证责任。所以本案中，张某不再承担保证责任。

法律链接

《中华人民共和国担保法》

第十七条　当事人在保证合同中约定，债务人不能履行债务时，由保证人承担保证责任的，为一般保证。一般保证的保证人在主合同纠纷未经审判或者仲裁，并就债务人财产依法强制执行仍不能履行债务前，对债权人可以拒绝承担保证责任。

第二十五条　一般保证的保证人与债权人未约定保证期间的，保证期间为主债务履行期届满之日起六个月。在合同约定的保证期间和前款规定的保证期间，债权人未对债务人提起诉讼或者申请仲裁的，保证人免除保证责任；债权人已提起诉讼或者申请仲裁的，保证期间适用诉讼时效中断的规定。

《最高人民法院关于适用〈中华人民共和国担保法〉若干问题的解释》

第三十四条　一般保证的债权人在保证期间届满前对债务人提起诉讼或者申请仲裁的，从判决或者仲裁裁决生效之日起，开始计算保证合同的诉讼时效。连带责任保证的债权人在保证期间届满前要求保证人承担保证责任的，从债权人要求保证人承担保证责任之日起，开始计算保证合同的诉讼时效。

24. 当事人未约定保证方式时责任如何承担？

核心提示

保证的方式有两种：一是一般保证，二是连带责任保证。一般保证人承担的是补充责任，而连带责任保证人承担的是连带责任。保证人在做出保证行为时，应该明确表明承担的何种保证责任，如果没有约定或约定不明的，则应当按照连带责任保证承担保证责任。

案情介绍

2008年1月2日，甲因做生意需要而向乙借现金10万元，乙要求甲提供担保人作担保。于是甲找到自己的好朋友丙进行担保，丙同意给甲做保证人。同日，甲、乙签订借款协议，约定：甲向乙借款10万元，定于2008年12月31日前还款，若甲到期未还款，由丙作为担保人负全责。担保人丙在协议上签了字。借款期限届满后，甲未能按期还款，乙便于2009年3月将甲和丙一起告上法院，要求甲和丙对这笔借款承担连带偿还责任。被告丙则辩称自己提供的是一般保证，认为乙应先起诉甲，经法院判决后并对甲的财产进行强制执行仍无法清偿债务时，其才承担保证责任。

答疑解惑

本案争议的焦点是:丙提供的保证是一般保证还是连带责任保证?一般保证是在债务人不能履行债务时,保证人才承担保证责任,因此,一般保证人享有先诉抗辩权。而连带责任保证则只要债务人到期未履行债务,债权人即可直接要求保证人承担保证责任,因此连带责任保证人相当于债务人。按照担保法的相关规定,当事人对保证方式没有约定或约定不明的,则应当按照连带责任保证承担保证责任。

本案中,当事人在协议中未明确约定担保责任方式,原告乙与被告丙并未约定在被告甲不能履行债务时才由被告丙承担保证责任,因此被告丙承担的保证方式为连带责任保证。故法院最后判决被告甲应向原告乙偿还借款 10 万元,被告丙对被告甲的上述债务承担连带清偿责任。

法律链接

《中华人民共和国担保法》

第十七条　当事人在保证合同中约定,债务人不能履行债务时,由保证人承担保证责任的,为一般保证。一般保证的保证人在主合同纠纷未经审判或者仲裁,并就债务人财产依法强制执行仍不能履行债务前,对债权人可以拒绝承担保证责任。

第十八条　当事人在保证合同中约定保证人与债务人对债务承担连带责任的,为连带责任保证。连带责任保证的债务人在主合同规定的债务履行期届满没有履行债务的,债权人可以要求债务人履行债务,也可以要求保证人在其保证范围内承担保证责任。

第十九条　当事人对保证方式没有约定或者约定不明确的,按照连带责任保证承担保证责任。

25. 二人以上共同保证时,该如何承担责任?

核心提示

共同保证分为按份共同保证和连带共同保证。按份共同保证中,保证人按照保证合同约定的保证份额承担保证责任;连带共同保证中,债权人可以要求任何一个保证人承担全部保证责任,保证人都负有担保全部债权实现的义务。

案情介绍

2008 年 6 月 1 日,程某因做生意资金周转问题,向王某借款 20 万元,王某碍于情面便同意借给程某钱款,但要求程某提供担保人,程某便叫自己的朋友李某进行担保,李某同意作为担保人,但王某认为李某平时信用不是很好,王某要求程某再找一个担保人,程某便又叫了一个朋友张某作为保证人。借款协议约定:程某向王某借款 20 万元人民币,于 2008 年 12 月 1 日前还款,保证人为李某和张某。李某和张某都在协议上签了字。借款期限届满,因程某生意没有好转,无法按期还款,王某便要求李某和张某对这笔债务承担连带还款责任,而张某则辩称有两个保证人,所以自己只对 20 万元借款中的 10 万元承担保证责任。

答疑解惑

本案争议的焦点是:张某需不需要对 20 万元借款承担连带偿还责任?本案涉及的是共同保证。共同保证分为按份共同保证和连带共同保证，按份保证人只对自己的保证份额承担责任，而连带共同保证人则需要对整个债务承担保证责任。同一债务有两个以上保证人的，保证人应当按照保证合同约定的保证份额，承担保证责任。没有约定保证份额的，保证人承担连带责任。连带共同保证的债务人在主合同规定的债务履行期限届满没有履行债务的，债权人可以要求债务人履行债务，也可以要求任何一个保证人承担全部保证责任。连带共同保证的保证人承担责任后，可以向债务人追偿，向债务人不能追偿的部分，由各连带保证人按其内部约定的比例分担。没有约定的，平均分担。

本案中，保证人李某和张某在为债务人程某提供保证时并未约定是按份保证还是连带共同保证，因此应当视为是连带共同保证。债权人王某在债务人程某借款期限届满未履行债务时，可以要求保证人李某或王某承担全部的清偿责任，所以保证人张某的抗辩理由是不成立的。

法律链接

《中华人民共和国担保法》

第十二条　同一债务有两个以上保证人的，保证人应当按照保证合同约定的保证份额，承担保证责任。没有约定保证份额的，保证人承担连带责任，债权人可以要求任何一个保证人承担全部保证责任，保证人都负有担保全部债权实现的义务。已经承担保证责任的保证人，有权向债务人追偿，或者要求承担连带责任的其他保证人清偿其应当承担的份额。

《最高人民法院关于适用〈中华人民共和国担保法〉若干问题的解释》

第十九条　两个以上保证人对同一债务同时或者分别提供保证时，各保证人与债权人没有约定保证份额的，应当认定为连带共同保证。连带共同保证的保证人以其相互之间约定各自承担的份额对抗债权人的，人民法院不予支持。

第二十条　连带共同保证的债务人在主合同规定的债务履行期届满没有履行债务的，债权人可以要求债务人履行债务，也可以要求任何一个保证人承担全部保证责任。

连带共同保证的保证人承担保证责任后，向债务人不能追偿的部分，由各连带保证人按其内部约定的比例分担。没有约定的，平均分担。

第二十一条　按份共同保证的保证人按照保证合同约定的保证份额承担保证责任后，在其履行保证责任的范围内对债务人行使追偿权。

26. 保证期间可以转让债务吗？

核心提示

保证期间内，经债权人同意，债务人转让全部或部分债务的，需要经过保证人的书面同意，如果保证人不同意或保证人仅仅是口头同意的，保证人均可对转让后的债务免除保证责任，但仍应对未转让的债务承担保证责任。

案情介绍

2008年8月1日，甲公司向乙公司购买50万元的产品，双方签订了买卖协议，约定甲公司于2008年8月15日提货，提货后1个月内支付30万元，剩余20万元在提货后2个月付清，并由丙公司承担连带保证责任，但未约定保证范围。丙公司在协议的保证人一栏内盖上公司的公章。甲公司按照合同在提货后1个月内支付了30万元。2008年9月30日，甲公司在征得乙公司同意后，将20万元债务中的15万元转移给丁公司，并通知了丙公司，丙公司不置可否。后丁公司因违法经营被依法查处，公司账户被冻结。乙公司便起诉要求丙公司承担保证责任。丙公司以债务转让未经自己同意为由，拒绝承担丁公司的15万元债务。

答疑解惑

本案争议的焦点是：债权人许可债务人转让债务的，保证人是否需要对在转让后的债务承担保证责任？在保证期间内，债权人许可债务人转让债务，包括将债务全部转移和部分转移给第三人。这都会给保证人的保证责任的承担带来影响。根据担保法的规定，债权人许可债务人转让债务的，会因是否取得保证人同意而发生不同的法律效果：(1)保证人依法免除保证责任。债权人许可债务人转让债务时，没有经过保证人的同意，则保证人被免除保证责任。但是，这时保证人的免除保证责任的范围仅限于未经其同意转让的债务。就是说，如果债权人许可债务人转让主债务的一部分而不是全部，且没有经过保证人同意的，保证人的免责范围应限于实际转让的债务部分，对于未转让的部分债务，仍应承担保证责任，但可以根据实际情况减少保证范围，即减轻保证责任，而不能全部免除保证责任。(2)保证人继续承担保证责任。债权人许可债务人转让债务并征得保证人书面同意的，则保证人应继续承担保证责任。

本案中，甲公司债务的转移虽然通知了丙公司，但丙公司不置可否，应当视为丙公司拒绝继续对转移后的债务承担保证责任，所以丙公司只需对未转移的5万元债务承担保证责任。

法律链接

《中华人民共和国担保法》

第二十三条　保证期间，债权人许可债务人转让债务的，应当取得保证人书面同意，保证人对未经其同意转让的债务，不再承担保证责任。

《最高人民法院关于适用〈中华人民共和国担保法〉若干问题的解释》

第二十九条　保证期间，债权人许可债务人转让部分债务未经保证人书面同意的，保证人对未经其同意转让部分的债务，不再承担保证责任。但是，保证人仍应当对未转让部分的债务承担保证责任。

27. 借款合同双方当事人未经担保人同意达成延期还款协议的，保证人能否免除保证责任？

核心提示

借款合同的双方当事人达成延期还款协议的，属于变更合同的内容，这可能会增加保证人的保证风险，所以应当经过保证人的同意，如果保证人不同意的，则保证人仍然在原来的保证期限内承担保证责任。

案情介绍

陈甲于2008年1月10日向陈乙借款1万元，约定于2008年8月31日前还款，陈丙承诺若陈甲到期未还款，由陈丙承担还款责任。2008年8月1日，因陈甲帮陈乙一些忙，所以陈乙同意陈甲所欠的1万元可以推迟到2009年8月31日前归还，并将此事通知了担保人陈丙，但陈丙表示反对。因陈甲到期未能还款，陈乙便于2009年9月10日向法院提起诉讼，要求陈甲归还1万元钱款，并由陈丙承担连带还款责任。陈丙以陈乙与陈甲延长还款期限未经自己同意为由拒绝承担保证责任。

答疑解惑

本案争议的焦点是：陈丙承担的是一般保证还是连带责任保证？陈甲与陈乙延长还款的约定是否需要征得保证人陈丙的同意？对于陈丙承担的保证方式，按照法律的相关规定，保证方式约定不明的，视为承担连带责任保证，所以陈丙承担的是连带责任保证。至于陈甲与陈乙延长还款的约定未征得担保人陈丙的同意，陈丙是否可以免除保证责任？担保法司法解释明确规定，债权人与债务人延长履行期限的，未经过保证人同意，保证人仍然在原来的保证期限内承担保证责任。因此，本案中，陈丙提供保证时由于没有约定保证期限，所以保证期限应当按照法律规定的期限即主债务履行期限届满之日起6个月，应当算到2009年2月28日。陈甲与陈乙延长还款的期限到2009年8月31日，已经超过了原来的保证期限，所以保证人陈丙可以主张免除保证责任。

法律链接

《中华人民共和国担保法》

第二十四条　债权人与债务人协议变更主合同的，应当取得保证人书面同意，未经保证人书面同意的，保证人不再承担保证责任。保证合同另有约定的，按照约定。

《最高人民法院关于适用〈中华人民共和国担保法〉若干问题的解释》

第三十条　保证期间，债权人与债务人对主合同数量、价款、币种、利率等内容作了变动，未经保证人同意的，如果减轻债务人的债务的，保证人仍应当对变更后的合同承担保证责任；如果加重债务人的债务的，保证人对加重的部分不承担保证责任。债权人与债务人对主合同履行期限作了变动，未经保证人书面同意的，保证期间为原合同约定的或者法律规定的期间。

债权人与债务人协议变动主合同内容，但并未实际履行的，保证人仍应当承担保证责任。

28. 人保与物保并存时如何处理担保关系？

核心提示

人保与物保竞合时，应当区分不同情况：如果物保是由债务人自己提供的，则保证人只对物的担保以外的债权承担保证责任。如果物保是由债务人以外的第三人提供的，则如果担保人与债权人有约定的，按照约定承担担保责任；没有约定的，则债权人可以就物的担保实现债权，也可以要求保证人承担保证责任。

案情介绍

2007年1月1日，甲银行与王某、乙房地产公司签订了一份楼宇按揭贷款合同，约定王某以其向乙房地产公司购买的房产一套作抵押，向甲银行借款70万元人民币，作为王某向乙房地产公司购房款的一部分，以购房款的名义存入乙房地产公司账户，分100期按月等额偿还。乙房地产公司对王某上述借款本息及实现债权的费用等承担连带责任保证和楼宇回购保证责任。如王某有违约行为，甲银行有权要求王某及乙房地产公司提前清偿全部借款，也可以直接由乙房地产公司承担楼宇回购责任，或直接由甲银行从乙房地产公司账户中直接扣款清偿。合同签订后，甲银行依约将借款70万元发放至乙房地产公司账户，抵押房产在房地产管理部门办理了抵押登记。但王某没有按约定还本付息。2009年3月6日，甲银行向法院提起诉讼，要求王某清偿借款本息，乙房地产公司承担回购责任，并由乙房地产公司承担连带清偿责任。

答疑解惑

本案争议的焦点是：乙房地产公司是否需要对这笔借款的本息承担连带清偿责任？本案中的担保属于物保和人保的竞合。人保与物保的关系是担保法律制度中的重要问题。考察主要国家的民法规定，关于如何安排人保和物保的关系，基本存在保证人绝对优待主义、保证人相对优待主义和平等主义三种模式。《最高人民法院关于适用〈中华人民共和国担保法〉若干问题的解释》(以下简称《担保法司法解释》)第 38 条第 1 款修改了《担保法》第 28 条的模式，明确区分债务人提供物保和第三人提供物保两种情形，并分别采取“保证人绝对优待主义”和“平等主义”模式。我国《物权法》第 176 条的规定基本沿袭了《担保司法解释》第 38 条第 1 款的模式，并进而形成“私法自治原则＋保证人绝对优待主义＋平等主义”的模式。在适用物保与人保竞合的规定是，我们应当明确：(1)《物权法》第 176 条与《担保法》第 28 条的规定是有冲突的，我们应当依据《物权法》的相关规定。(2)同一债权既有保证又有第三人提供物的担保时，债权人可以请求保证人或物的担保人承担担保责任；如果物的担保是由债务人提供的，则保证人只对物的担保之外的债权承担保证责任。(3)同一债权既有物的担保和保证的，物的担保合同被确认无效或者被撤销，或者担保物因不可抗力的原因灭失而没有代位物的，保证人仍应当按照合同的约定或法律的规定承担保证责任。

因此，本案中是债务人王某自己提供物的担保，故保证人乙房地产公司仅对物的担保之外的债务承担连带清偿责任。

法律链接

《中华人民共和国物权法》

第一百七十六条　被担保的债权既有物的担保又有人的担保的，债务人不履行到期债务或者发生当事人约定的实现担保物权的情形，债权人应当按照约定实现债权;没有约定或者约定不明确,债务人自己提供物的担保的,债权人应当先就该物的担保实现债权;第三人提供物的担保的,债权人可以就物的担保实现债权,也可以要求保证人承担保证责任。提供担保的第三人承担担保责任后,有权向债务人追偿。

《中华人民共和国担保法》

第二十八条　同一债权既有保证又有物的担保的,保证人对物的担保以外的债权承担保证责任。债权人放弃物的担保的,保证人在债权人放弃权利的范围内免除保证责任。

《最高人民法院关于适用〈中华人民共和国担保法〉若干问题的解释》

第三十八条　同一债权既有保证又有第三人提供物的担保的,债权人可以请求保证人或者物的担保人承担担保责任。当事人对保证担保的范围或者物的担保的范围没有约定或者约定不明的,承担了担保责任的担保人,可以向债务人追偿,也可以要求其他担保人清偿其应当分担的份额。同一债权既有保证又有物的担保的,物的担保合同被确认无效或者被撤销,或者担保物因不可抗力的原因灭失而没有代位物的,保证人仍应当按合同的约定或者法律的规定承担保证责任。债权人在主合同履行期届满后怠于行使担保物权,致使担保物的价值减少或者毁损、灭失的,视为债权人放弃部分或者全部物的担保。保证人在债权人放弃权利的范围内减轻或者免除保证责任。

29. 保证人如何行使追偿权?

核心提示

保证人在承担完保证责任后,有权向被保证人追偿。对于共同保证,如果是按份保证的,则各保证人只能向被保证人追偿自己的保证份额,如果是连带共同保证的,其中一保证人承担全部保证责任后，可以向被保证人追偿，也可以要求其他的保证人承担他们各自应当承担的担保份额。

案情介绍

2005年10月10日，甲公司与某银行签订了一份借款合同，约定由某银行借给甲公司人民币(币种下同)400万元，期限为2005年10月12日起至2006年10月11日止。同年10月12日，乙公司、丙公司分别与某银行签订了保证合同，约定由两公司为甲公司上述400万元借款提供保证担保，保证方式为连带责任保证。甲公司于2005年12月10日向某银行归还了100万元，但未归还其余借款本金及利息。乙公司于2006年2月1日代甲公司归还某银行借款本金100万元。某银行于2006年11月7日法院提起诉讼，要求甲公司归还其尚欠借款本金及利息；由乙公司、丙公司承担连带清偿责任；在该案诉讼中，案件当事人达成了还款协议，某银行遂撤回起诉。2007年3月29日，乙公司代甲公司向某银行归还了剩余的借款本金和利息。嗣后，乙公司向法院提起诉讼，要求法院判令甲公司支付代偿借款本金和利息；并由丙公司对甲公司应支付的上述款项的50%承担连带清偿责任等。

答疑解惑

本案中，履约保证人同时起诉主债务人和其余的连带共同保证人。其争议焦点有二：(1)履约保证人是有权向主债务人或其余连带共同保证人中的任何一个行使追偿权还是必须先向主债务人追偿。这涉及我国《担保法》第12条与《最高人民法院关于适用〈担保法〉若干问题的解释》第20条的规定在适用上是否存在矛盾的问题。(2)其余的连带共同保证人在所应承担的份额内，与主债务人负连带清偿责任还是仅就主债务人不能偿还的部分负清偿责任？

在连带共同保证中，履行了全部责任的保证人享有两项追偿权：

一是向债务人追偿，二是向其余的连带共同保证人追偿。履约保证人对主债务人追偿权的来源，在于其代为履行义务，即代替主债务人向债权人履行了义务，使主债务人与债权人之间的权利义务关系归于消灭。履约保证人对其余连带共同保证人追偿权同样来源于代为履行义务，即履约保证人支付超出其应当承担份额的行为，实际上是代其余连带共同保证人履行本应由后者行使的义务。从两种追偿权的来源可以看出，两者的性质均为代为履行义务追偿权，属于债权请求权的范畴。正是由于这两种追偿权在来源、行使条件及性质上的同一性，所以这两种追偿权并不存在利益顺序，是并存的。我国《担保法》第 12 条规定，同一债务有两个以上保证人的，“已经承担保证责任的保证人，有权向债务人追偿，或者要求承担连带责任的其他保证人清偿其应当承担的份额”。据此，如果履约保证人选择向其余连带共同保证人行使追偿权，其余连带共同保证人不能以履约保证人没有先向主债务人主张追偿权而拒绝履行属于自己的偿还义务。否则，无异于增加了履约保证人的风险，将追偿债权所需要付出的时间和劳力成本全部加诸履约保证人，且不利于督促债务人及时清偿债务。本案中，由于乙公司与丙公司事先没有约定彼此之间的分担比例，因此乙公司可以要求丙公司对甲公司应支付的上述款项的 50%承担清偿责任。

法律链接

《中华人民共和国担保法》

第十二条　同一债务有两个以上保证人的，保证人应当按照保证合同约定的保证份额，承担保证责任。没有约定保证份额的，保证人承担连带责任，债权人可以要求任何一个保证人承担全部保证责任，保证人都负有担保全部债权实现的义务。已经承担保证责任的保证人，有权向债务人追偿，或者要求承担连带责任的其他保证人清偿其应当承担的份额。

《最高人民法院关于适用〈中华人民共和国担保法〉若干问题的解释》

第二十条　连带共同保证的债务人在主合同规定的债务履行期届满没有履行债务的，债权人可以要求债务人履行债务，也可以要求任何一个保证人承担全部保证责任。连带共同保证的保证人承担保证责任后，向债务人不能追偿的部分，由各连带保证人按其内部约定的比例分担。没有约定的，平均分担。

30. 如何确定保证人在以贷还贷案件中的民事责任？

核心提示

以贷还贷中，如果新旧两个借款合同的保证人均为同一个人，保证人应当承担保证责任，在旧贷没有担保或旧贷与新贷的保证人不是同一人的情况下，新贷的保证人如果不知道主合同双方当事人在以新贷还旧贷，保证人不承担保证责任，如果保证人知道以贷还贷的事实仍提供担保，则保证人须承担保证责任。

案情介绍

2006年1月2日，某信用社与甲签订一份借款合同，约定由某信用社借给甲10万元，借款用途为承包林地，贷款期限为12个月，至2007年1月1日还款，由乙作为保证人，承担连带保证责任。借款合同签订后，某信用社便将10万元转入甲的账户。至2007年1月1日，甲无力还款。因其与信用社领导关系密切，信用社同意其以贷还贷。2007年1月2日，甲与信用社签订了一份借款协议，约定由信用社借给甲10万元人民币，借款用途为发展畜牧业，贷款期限为12个月，至2008年1月1日还款，仍然由乙作为保证人，承担连带保证责任。乙在该借款协议上签字。在协议签完后，信用社直接将这10万元冲抵甲以前的借款。2008年1月，因甲仍然无力还款，某信用社便向法院提起诉讼，要求甲还清10万元的本金和利息，并要求乙承担连带清偿责任。

答疑解惑

审理以贷还贷合同纠纷时，借贷双方对借款事实不会存在太多的争议，但由于新合同上所约定的借款用途和实际的借款用途不一致，因此，对于保证人是否应承担保证责任，双方的争议往往会很大。我们认为，应当从以下两个方面去决定保证人保证责任的承担。(1)新旧借款合同的保证人不一致或者旧贷款没有保证人。如果新贷款合同上明确约定或以其他形式约定借款用途为归还旧贷款的，那么应当认定保证人是知道且同意借款的实际用途，其仍应承担保证责任；如果没有上述约定，除非借款人、贷款人能够证明保证人知道以贷还贷这一事实，否则新旧贷款的保证人不承担保证责任。理由是，作为旧贷款的保证人，由于其所担保的主债务已消灭而使保证责任免除，作为新贷款的保证人，由于其事先不知道事后也未同意以贷还贷这一事实，因此其保证责任也已免除。(2)新旧借款合同的保证人均为同一人。由于前后合同的延续性、关联性、以贷还贷的展期性，可推定保证人知道或应当知道以贷还贷的事实，既然其明知以贷还贷这一事实，又为新的借款提供保证，可认定保证人同意这一改变借款用途的行为，因此保证责任不能免除，除非保证人能证明借贷双方恶意串通损害其权利。

法律链接

《中华人民共和国担保法》

第二十四条　债权人与债务人协议变更主合同的，应当取得保证人书面同意，未经保证人书面同意的，保证人不再承担保证责任。保证合同另有约定的，按照约定。

《最高人民法院关于适用〈中华人民共和国担保法〉若干问题的解释》

第三十九条　主合同当事人双方协议以新贷偿还旧贷，除保证人知道或者应当知道的外，保证人不承担民事责任。新贷与旧贷系同一保证人的，不适用前款的规定。

31. 债权人能否单独起诉保证人？

核心提示

债权人在债务人未能履行债务时，能否单独起诉保证人，应当区分保证人的保证方式，如果保证人承担的是一般保证责任，则应当将被保证人作为共同被告，如果保证人承担的是连带责任保证，则债权人可以单独起诉保证人，而无须将被保证人作为共同被告。

案情介绍

2008 年 1 月 1 日，债务人张某向原告周某借款 5 万元，并立具借条给原告周某，借条由原告周某代写，其内容是“今借到周某人民币五万元，还款期限为 2008 年 8 月 1 日，到时若还不清借款，由林某承担还款责任”。借款人处张某签字并按手印，担保人处由被告林某签字并按手印。还款期限届满后，张某仍未偿还借款。为此，2008 年 10 月 10 日原告诉至法院，请求债务人张某及担保人林某共同偿还借款本息。在审理过程中，原告撤回对张某的起诉。

答疑解惑

本案争议的焦点是：原告周某能否撤回对债务人张某的诉讼，而单独起诉保证人林某，要求保证人林某承担保证责任？正确识别一般保证和连带保证，是解决是否可以单独起诉保证人作为被告的关键，该案双方当事人对保证责任属于约定不明的情形，依据《中华人民共和国担保法》第19条的规定，保证人承担的是连带保证责任。一般保证的保证人承担的是补充责任，享有先诉抗辩权，所以不能单独将保证人作为被告，而连带责任保证人承担的是连带责任，只要债务人到期不清偿债务，债权人就可以要求保证人承担清偿责任。换句话说，在债务到期时，债权人既可以要求债务人履行债务，也可以要求连带责任保证人承担保证责任，故债权人可以单独起诉连带责任保证人。依据《最高人民法院关于适用〈中华人民共和国民事诉讼法〉若干问题的意见》第53条的规定，因连带保证合同纠纷提起的诉讼债权人向保证人和被保证人一并主张权利的，人民法院应当将保证人和被保证人列为共同被告；债权人仅起诉保证人的，除保证合同明确约定保证人承担连带责任的外，人民法院应当通知被保证人作为共同被告参加诉讼；债权人仅起诉被保证人的，可只列被保证人为被告。从此法条看，双方只有明确约定为连带保证才可以单独起诉保证人，而该案是约定不明的情况，法律规定此种情形应当承担连带责任。

法律链接

《中华人民共和国担保法》

第十九条　当事人对保证方式没有约定或者约定不明确的，按照连带责任保证承担保证责任。

《最高人民法院关于适用〈中华人民共和国民事诉讼法〉若干问题的意见》

53. 因连带保证合同纠纷提起的诉讼债权人向保证人和被保证人一并主张权利的，人民法院应当将保证人和被保证人列为共同被告；债权人仅起诉保证人的，除保证合同明确约定保证人承担连带责任的外，人民法院应当通知被保证人作为共同被告参加诉讼；债权人仅起诉被保证人的，可只列被保证人为被告。

32. 对已过诉讼时效的债务提供保证的，保证人是否需要承担保证责任？

核心提示

对于已过诉讼时效的债务，债务人可以拒绝履行，但自愿履行，履行行为有效。对于已经过了诉讼时效的债务，保证人自愿提供保证的，则保证人仍应当承担保证责任，而且保证人在承担保证责任后，不得向债务人追偿。

案情介绍

2004年1月1日，甲银行为乙公司提供200万元流动资金贷款，期限1年，丙公司为乙公司的借款提供一般保证担保。合同签订后，甲银行依约发放贷款给乙公司，乙公司按时向银行支付利息。2005年1月，乙公司出现严重亏损，通知甲银行可能无法履行还款义务。借款到期后，乙公司果然没有还款。2005年2月，甲银行也未向乙公司要求还款，而要求丙公司承担保证责任。经甲银行要求，丙公司于2007年8月出具承诺函，同意按照原合同约定条款，继续承担保证责任。2007年11月，甲银行要求乙公司、丙公司偿还欠款。乙公司以超过诉讼时效为由提出抗辩。而丙公司以《担保法》规定的“一般保证的保证人在主合同纠纷未经审判或者仲裁，并就债务人财产依法强制执行仍不能履行债务前，对债权人可以拒绝承担保证责任”为由拒绝承担担保责任。

答疑解惑

本案争议的焦点是：丙公司是否需要承担保证责任？本案中，乙公司主张超过诉讼时效的抗辩理由成立，乙公司不应承担偿还责任。乙公司与甲银行于2004年1月签订借款合同，借款于2005年1月到期。所以从2005年1月起，甲银行就应当知道自己的权益受到了侵害。因此，除非有诉讼时效中断事由，否则甲银行就应当在2007年1月前提起诉讼。甲银行在2007年11月才对乙公司提起诉讼，显然已经超过诉讼时效，丧失了胜诉权，法院不会支持其要求乙公司偿还债务的请求。丙公司的抗辩理由不成立，应当承担保证责任。至2007年11月，银行对乙公司主张债权的诉讼时效已经经过，但丙公司于2007年8月却出具承诺函，同意按照原合同继续履行担保责任的行为，属于对已经超过诉讼时效的债务提供保证的行为，应当视为放弃了先诉抗辩权，因此，丙公司不能再援引该抗辩理由。

法律链接

《中华人民共和国民法通则》

第一百三十五条　向人民法院请求保护民事权利的诉讼时效期间为二年，法律另有规定的除外。

《最高人民法院关于适用〈中华人民共和国担保法〉若干问题的解释》

第三十五条　保证人对已经超过诉讼时效期间的债务承担保证责任或者提供保证的，又以超过诉讼时效为由抗辩的，人民法院不予支持。

33. 当事人约定保证期间超过二年是否有效？

核心提示

保证期间由债权人与保证人自由约定，但约定的保证期间不得早于或等于主债务履行期限，否则视为没有约定，保证期间为主债务履行期届满之日起6个月。保证合同约定保证直到债务人履行完债务为止的，视为约定不明，保证期间为主债务履行期届满之日起二年。当事人约定保证期间超过二年，并未违背法律的禁止性规定，可以认定是有效的。

案情介绍

2003年4月，甲向乙借款5万元，约定还款期限为2004年4月，同时由丙作为连带责任保证人，保证期间到2007年1月。借款期限届满后，乙未向甲要求还款，甲也未提出还款，直到2006年8月，乙见甲一直不还款，便要求甲还款，并要求丙承担连带还款责任。甲辩称债务已过二年诉讼时效，所以拒绝还款。丙也以此理由拒绝承担保证责任。

答疑解惑

本案争议的焦点是：乙、丙之间约定的保证期间超过2年是否有效？当事人约定的保证期间长于主债务履行期届满后的2年，俗称“长期保证”。对此，存在两种截然不同的观点：一种观点认为，此种约定无效。如果允许保证合同约定的保证期间长于诉讼时效期间，将导致债权人向债务人提起诉讼或仲裁或者向保证人主张权利的有效期间长于诉讼时效，其实质效果是以约定排斥了诉讼时效的适用，这既有悖于诉讼时效规定的强制性，又游离了《担保法》关于保证期间及其效力规定的本旨。另一种观点认为，保证期间多长及是否有利于债权人，纯属当事人意思自治的问题，保证期间并非时效期间，其长度应允许当事人自由约定。

我们同意第二种观点。第一，我国法律对保证期间约定的长短问题并未作强制性规定，依“法无禁止即为允许”的私法自治理念，应当允许当事人对保证期间的长短作出自由约定。虽然保证期间制度之设意在保护保证人的利益，但保证人自愿放弃其利益，与保证制度确保主债务之履行的本旨并无不合，司法实践中不应强加干预。第二，保证期间制度与诉讼时效制度相互独立，各有其特定的规则。诉讼时效制度意在维护交易秩序和安全，属以社会为本位的立法，而保证期间制度旨在衡平当事人之间的利益，着眼于个人的利益，因此，时效利益一般不得事先抛弃，但保证期间可自由约定。同时，诉讼时效期间为可变期间，保证期间为不变期间。主债务的诉讼时效期间虽为 2 年，但其可因时效的中止、中断而变动，亦可因特殊情形之发生而延长，累计可延长至 20 年，因此，那种认为主债务存续期间仅为 2 年，并进而认为作为从债务的保证债务的保证期间不能超过 2 年的观点，理由尚不充分。例如，保证合同中约定的保证期间为 3 年，主债务的诉讼时效期间因多次中断而延至自主债务履行期届满后 4 年。此时，保证期间并未超过主债务诉讼时效期间，并不违反保证债务的从属性。第三，保证债务的从属性为传统民法理论所认同，并为各国民法所采纳。但保证债务的独立性在交易实践日渐广泛地被采用，乃不争的事实。我国《担保法》第 5 条是保证债务独立性合法化的制度前提。虽然目前审判实践中仅承认对外担保和外国银行、机构对国内机构担保时独立担保的效力，不认可其他当事人间独立担保的效力，但随着我国加入 WTO 和国内经济与世界经济的一体化，继续对独立担保采取区别对待的态度已经有失保守，与社会经济发展不合。在可以预见的将来，若当事人间约定保证债务独立于主债务而存在，只要不违反法律的强制性规定，即应认其有效。此时，保证债务和主债务各有其履行期间和诉讼时效期间，两者并行不悖，保证人不得以主债务诉讼时效期间已经届满而向主债权人主张抗辩。第四，即使在从属保证之下，若当事人约定了较长的保证期间，基于保证债务从属于主债务的特征，保证人可主张特定的抗辩权以维护其合法权益。在主债务诉讼时效已过，但保证期间尚未届满的情况下，根据我国《担保法》第 20 条的规定，保证人享有主债务人的抗辩权。在主债权人因诉讼时效期间的届满而丧失胜诉权时，对于主债权人的请求，主债务人享有时效抗辩权，如主债权人向保证人主张保证债权，保证人自得以主债务人的时效抗辩权对抗之，双方约定的保证期间此时即失去作用。值得注意的是，这并非超过2年的保证期间本身的效力判断问题，而是保证人的抗辩权问题，与保证债务的从属性并不矛盾，与诉讼时效期间制度也不冲突。

因此本案中，甲可以以债务已过诉讼时效进行抗辩，但丙不得以主债务诉讼时效期间已经届满而向主债权人乙主张抗辩。

法律链接

《中华人民共和国担保法》

第十五条　保证合同应当包括以下内容：

（一）被保证的主债权种类、数额；

（二）债务人履行债务的期限；

（三）保证的方式；

（四）保证担保的范围；

（五）保证的期间；

（六）双方认为需要约定的其他事项。

保证合同不完全具备前款规定内容的，可以补正。

第二十五条　一般保证的保证人与债权人未约定保证期间的，保证期间为主债务履行期届满之日起六个月。在合同约定的保证期间和前款规定的保证期间，债权人未对债务人提起诉讼或者申请仲裁的，保证人免除保证责任；债权人已提起诉讼或者申请仲裁的，保证期间适用诉讼时效中断的规定。

第二十六条　连带责任保证的保证人与债权人未约定保证期间的，债权人有权自主债务履行期届满之日起六个月内要求保证人承担保证责任。在合同约定的保证期间和前款规定的保证期间，债权人未要求保证人承担保证责任的，保证人免除保证责任。

《最高人民法院关于适用〈中华人民共和国担保法〉若干问题的解释》

第三十二条　保证合同约定的保证期间早于或者等于主债务履行期限的，视为没有约定，保证期间为主债务履行期届满之日起六个月。

保证合同约定保证人承担保证责任直至主债务本息还清时为止等类似内容的，视为约定不明，保证期间为主债务履行期届满之日起二年。

34. 抵押、质押、留置竞合时如何处理？

核心提示

当一物之上存在抵押、质押、留置时，留置权优先于抵押权和质权，有登记的抵押权优先于质权得到实现。

案情介绍

甲、乙、丙、丁四个人。甲向乙借钱1万元，将自己的家用电器作为抵押，并与乙签订了抵押合同，但没有登记。之后，甲又向丙借钱1万元，将已经作为抵押了的家用电器转移丙占有，作为质押。后来甲经营失利，无力偿债。其间，丙把家用电器损坏，交由丁修理，修理费用2千元，丙没有支付2千元修理费，丁留置该家用电器。现乙、丙、丁都欲行使对电器的担保物权而发生纠纷。

答疑解惑

《最高人民法院关于适用〈中华人民共和国担保法〉若干问题的解释》第79条规定：同一财产法定登记的抵押权与质权并存时，抵押权人优先于质权人受偿。同一财产抵押权与留置权并存时，留置权人优先于抵押权人受偿。

（一）抵押权与质权竞合时的效力问题。对抵押权与质权竞合的效力认定，应作如下区别对待：（1）先设定质权，又将质物为他人债权设定抵押权的，质权优先于抵押权。究其原因，主要在于质权以对质物的占有为前提，质权人对质物的占有，实质上表明质权已经公示，具有对抗其他人的效力。(2)抵押权设定后，又以抵押物为他人债权设立质押，则分两种情况对待：一是抵押权未经登记的，若后设质权人为善意，依善意取得制度，善意取得动产的第三人(质权人)的权利有对抗其他人的效力，质权优先于抵押权；若后设质权人为恶意，则抵押权优先于质权。二是抵押权已经登记的，依据公示原则，抵押权优先于质权。(3)抵押权与质权同时设立的，从在先权利原则引申，一般认为二者效力相同，但法定登记的抵押权优先于质权。

(二)抵押权与留置权竞合时的效力问题。根据担保的规定，留置权应优于抵押权。因为：(1)留置权是法定物权，应优于其他物权。(2)留置物在两权竞合时被留置权人占有，占有作为动产公示的效力可以对抗第三人。(3)留置权人占有留置物，如果强行规定抵押权优先，在实践中会造成抵押权行使的诸多困难，引起更多纠纷。(4)留置权担保的债权与留置物有直接关联，留置权债权的发生，使抵押物增加新的价值，留置权的债权只是这一新增价值的代价，并且这一新增价值原本处于抵押物价值之外，抵押权人不应对此享有优先权。

(三)质权与留置权竞合时的效力问题。质权与留置权都是以占有标的物为其成立要件的，质权与留置权的竞合，实质上是质权人或留置权人处分债务人享有所有权的担保标的物的行为引起的，有两种情况：一是留置权人在留置物上设定质权，二是质权人在质物上设定留置权。不论哪种情况，善意取得制度都对二者竞合的成立起着至关重要的作用。如果后设立的担保物权人取得担保物权为恶意，则行为无效，不能发生质权与留置权竞合的问题。如果后设立的担保物权人取得担保物权为善意，行为有效，发生质权与留置权竞合问题。由于后发生的质权或留置权是前发生的质权或留置权人的行为引起的，前留置权人是后质权关系中的出质人，与质权人形成债权债务关系，前质权人是后留置权人的义务人，因而，在留置权与质权竞合时，后发生的质权或留置权应较前成立的留置权或质权具有优先受偿效力:(1)留置权人在留置物上再设定质权的,质权优先于留置权。(2)质权人在质物上设定留置权的,留置权优先于质权。

根据上述的分析,本案中,丁的留置权应当优先于丙的质权,乙的抵押权优先于丙的质权。

法律链接

《中华人民共和国物权法》

第二百三十九条　同一动产上已设立抵押权或者质权,该动产又被留置的,留置权人优先受偿。

《最高人民法院关于适用〈中华人民共和国担保法〉若干问题的解释》

第七十九条　同一财产法定登记的抵押权与质权并存时,抵押权人优先于质权人受偿。同一财产抵押权与留置权并存时,留置权人优先于抵押权人受偿。

35. 如何理解房产抵押登记问题?

核心提示

以房屋、土地使用权等不动产进行抵押的,抵押合同在抵押人和抵押权人意思表示一致时就已经成立生效,但是抵押合同的生效并不意味着抵押权的产生,以不动产进行抵押,需要进行抵押登记,抵押权自抵押登记之日起产生。如果没有登记,则抵押权不受法律保护。

案情介绍

胡某投资宝石加工生意急需一笔前期资金,遂向其朋友刘某借款。刘某同意借款，但要求胡某提供担保。于是胡某在征得其舅舅李某的同意后将李某的一套住房抵押给刘某。2008 年 12 月 21 日，胡某、刘某、李某三人签订了借款合同和抵押合同，约定刘某借款 50 万元给胡某，借款期限为 1 年，李某用其所有的一套房屋作抵押担保。同日，三人携带借款合同、抵押合同到公证处办理了公证手续。次日，刘某通过银行转账形式将 50 万元支付给了胡某，李某将房产证交给刘某。2008 年 12 月 26 日，李某称临时需要使用房产证，刘某遂将房产证交回李某。后李某未再将房产证交给刘某。三人也未到房管部门办理抵押登记。2009 年 12 月 21 日借款期限届满，胡某未能偿还借款，于是，刘某于 2010 年 1 月向法院提起诉讼，要求胡某偿还借款，同时要求对李某的房屋行使抵押权。法院最后以该房产抵押未办理登记，不发生法律效力为由，驳回刘某对李某的诉讼请求。

答疑解惑

本案争议的焦点是：李某的房屋进行抵押未经登记，抵押权是否有效？对于以土地、房屋等不动产进行抵押，依照法律规定必须进行登记，只有经过登记，抵押权才有效。国家设立不动产抵押登记制度具有重要意义。首先，有利于保护抵押权人的合法权益。当抵押人不能履行约定义务，抵押权人依照规定可以变卖抵押物的价款优先受偿。通过不动产登记机关对抵押事实进行登记可以对抵押人任意处分抵押物的权利进行限制。其次，有利于保护善意第三人的合法权益。不动产登记作为一种公示手段，主要是为了保护交易安全，保护善意第三人的合法权益。登记具有公示公信效力，经过登记可以向社会宣告不动产已经交易或者抵押的事实，从而保护善意第三人的合法权益。再次，有利于维护社会交易安全。目前，绝大多数国家均规定了对抵押权的取得、设定、丧失或者变更须予以登记的法定程序，应该说，这一制度对于维护市场经济条件下交易的安全，保护善意第三人利益，强化抵押担保的社会功能，避免纠纷的发生，具有重要的法律意义。我国目前相关法律对于不动产抵押都采取了登记生效要件主义。也就是说，对于不动产抵押，如果向法定登记机关办理登记手续，抵押生效；如果没有办理登记手续，抵押不生效。不动产抵押登记关系中，一个非常重要的环节就是向不动产登记机关进行登记。

本案中，由于李某进行抵押的房产没有经过登记，所以该抵押不发生法律效力，刘某不能行使对房屋的抵押权。

法律链接

《中华人民共和国物权法》

第一百八十七条　以本法第一百八十条第一款第一项至第三项规定的财产或者第五项规定的正在建造的建筑物抵押的，应当办理抵押登记。抵押权自登记时设立。

第一百八十条　债务人或者第三人有权处分的下列财产可以抵押：

（一）建筑物和其他土地附着物；

（二）建设用地使用权；

（三）以招标、拍卖、公开协商等方式取得的荒地等土地承包经营权；

（四）生产设备、原材料、半成品、产品；

（五）正在建造的建筑物、船舶、航空器；

（六）交通运输工具；

（七）法律、行政法规未禁止抵押的其他财产。

抵押人可以将前款所列财产一并抵押。

《最高人民法院关于担保法司法解释第五十九条中的“第三人”范围问题的答复》

（法函[2006]51号）

四川省高级人民法院：

你院川高法[2005]496号《关于对〈最高人民法院关于适用《中华人民共和国担保法》若干问题的解释〉第五十九条的理解与适用的请示》收悉。经研究，答复如下：

根据《中华人民共和国担保法》第四十一条、第四十三第二款规定，应当办理抵押物登记而未经登记的，抵押权不成立；自愿办理抵押物登记而未办理的，抵押权不得对抗第三人。因登记部门的原因致使当事人无法办理抵押物登记是抵押未登记的特殊情形，如果抵押人向债权人交付了权利凭证，人民法院可以基于抵押当事人的真实意思认定该抵押合同对抵押权人和抵押人有效，但此种抵押对抵押当事人之外的第三人不具有法律效力。

36. 抵押权实现后，租赁权是否受法律保护？

核心提示

抵押权与租赁权的关系，应当区分抵押权和租赁权设定的先后顺序。如果抵押权设定在先，而租赁权设定在后，则租赁权不得对抗抵押权，而如果租赁权设定在先，抵押权设定在后的，则在实现抵押权时，租赁合同对抵押物的新所有人仍然是有效的。

案情介绍

2006 年 1 月，甲将自有的一套房屋以每月 1000 元出租给乙，租期为 5 年。2007 年 1 月，甲经生意需要而向丙借款 20 万元，借期 1 年，丙要求甲提供担保，甲便将该房屋抵押给丙作为借款的担保，并到房管部门办理了抵押登记手续。2009 年 2 月，因甲无力归还丙的欠款，丙便向法院提起诉讼，要求行使对甲房屋的抵押权，后房屋经法院委托拍卖后由丁购得。丁在取得该房屋所有权后便要求乙搬离该房屋，乙则以租赁合同尚未到期为由拒绝搬离。双方为此发生争议。

答疑解惑

本案争议的焦点是：抵押权实现后，新的房屋所有人能否以所有权对抗租赁权？买卖不破租赁是一句法律谚语，所谓“买卖不破租赁”是指租赁关系不因租赁物的买卖而改变。租赁合同在当事人之间产生债权债务关系，承租人获得租赁权。租赁权仍是一种债权，但法律强化其效力，赋予租赁权以一定的物权的效力，例如对抗力、处分性等。“买卖不破租赁 ”便是租赁权的物权化的一种表现，即法律为保护承租人的利益，对出租人转让财产予以一定限制，在出租人将租赁物转让后，该租赁物的转让并不影响租赁合同的效力，租赁合同对租赁物的新的所有权人仍然有效，租赁关系在合同约定的租赁期限内存在于承租人与新的所有人之间。也就是说，在此情形下，租赁合同发生法定的主体变更。在租赁物上设定担保的，因为将来若实现担保也会发生所有权变更，也适用“买卖不破租赁”原则。但该原则的适用有一个条件，即租赁物发生物权变动或者就租赁物设定担保必须发生在租赁期间内，如果发生在租赁物交付前，则属于权利瑕疵担保问题。另外须注意的是，我国合同法规定承租人享有的物权性质的租赁权不仅限于不动产租赁，也适用于动产租赁。当然，在租赁权与抵押权关系中，如果抵押权设定在先，而租赁权设定在后，则无论租赁权人是否知道租赁物上存在抵押权，租赁权均不得对抗实现抵押权后的新的所有人，而如果租赁权设定在先，抵押权设定在后的，则在实现抵押权时，租赁合同对抵押物的新所有人仍然是有效的。

法律链接

《中华人民共和国物权法》

第四十八条　抵押人将已经出租的财产抵押的，应当书面通知承租人，原租赁合同继续有效。

《中华人民共和国合同法》

第二百二十九条　租赁物在租赁期间发生所有权变动的，不影响租赁合同的效力。

《中华人民共和国城市房屋租赁管理办法》

第十一条　租赁期限内，房屋出租人转让房屋所有权的，房屋受让人应当继续履行原租赁合同的规定。

《最高人民法院关于贯彻执行〈中华人民共和国民法通则〉若干问题的意见（试行）》

第一百一十九条第二款 私有房屋在租赁期内，因买卖、赠与或者继承发生房屋产权转移的，原租赁合同对承租人和新房主继续有效。

37. 质权人擅自处分质物致质物损坏的责任承担？

核心提示

动产质权的设定必须要由质权人占有质物，否则质权不生效。质权人在质权存续期间未经出质人同意擅自使用、出租、处分质物，因此给出质人造成损失的，由质权人承担赔偿责任。

案情介绍

甲与乙是好友，甲因扩大店面急需资金向乙借款 10 万元，乙要求甲提供担保，甲将自己的奥迪车出质给乙，乙因自己不会开车，要求甲将该车开回。后甲向丙借款 10 万元，又将该车出质给丙。丙对该车进行了占有。该奥迪车的价值为 50 万元。在丙占有期间，因丁向丙租用该车，丙未经甲同意，即与丁签订了租赁合同。丁因违章驾驶造成该车严重损坏，剩余价值仅为10万元。现甲欠乙的借款已到还款期限，但甲因经营不善，无力还款，乙要求行使质权。甲则要求丙承担车损坏的后果。由此引发纠纷。

答疑解惑

本案争议的焦点是：乙能否行使质权？丙作为质权人能否将质物出租？质物损坏应由谁承担责任？首先，我们应该明确，动产质权的设定必须转移质物的占有，否则不产生质权。本案中乙放弃了质物的占有，故乙的质权未生效，所以乙不能行使对奥迪轿车的质权。出质人甲以自己的财产为债权人丙提供质押担保，双方签订了质押合同，且将质物奥迪车交付于丙占有，甲与丙之间的质权生效，甲与丙之间存在质权法律关系。在质权法律关系成立以后，质物的财产所有权仍归出质人所享有，质权人仅享有质物的占有权。依照《担保法解释》第93条规定，质权人在质权存续期间未经出质人同意擅自使用、出租、处分质物，因此给出质人造成损失的，由质权人承担赔偿责任。由此，可以推论，质权人在质权存续期间对质物不享有使用权、出租权和处分权。本案中，丙作为质权人，未经出质人甲的同意，不享有将质物奥迪车出租于丁的权利。其擅自出租该车，致使承租人违章驾驶造成该车灭失，丙应对该车的损失向甲承担责任。丙承担责任以后，可向丁进行追偿。

法律链接

《中华人民共和国物权法》

第二百一十四条　质权人在质权存续期间，未经出质人同意，擅自使用、处分质押财产，给出质人造成损害的，应当承担赔偿责任。

第二百一十五条　质权人负有妥善保管质押财产的义务；因保管不善致使质押财产毁损、灭失的，应当承担赔偿责任。质权人的行为可能使质押财产毁损、灭失的，出质人可以要求质权人将质押财产提存，或者要求提前清偿债务并返还质押财产。

《中华人民共和国担保法》

第六十九条　质权人负有妥善保管质物的义务。因保管不善致使质物灭失或者毁损的，质权人应当承担民事责任。质权人不能妥善保管质物可能致使其灭失或者毁损的，出质人可以要求质权人将质物提存，或者要求提前清偿债权而返还质物。

《最高人民法院关于适用〈中华人民共和国担保法〉若干问题的解释》

第九十三条　质权人在质权存续期间，未经出质人同意，擅自使用、出租、处分质物，因此给出质人造成损失的，由质权人承担赔偿责任。

38. 一物之上有数个抵押权，清偿顺序如何确定？

核心提示

一物多抵现象在现实生活中是普遍存在的，它能充分发挥物的担保功能。在实现抵押权时，则存在着先后顺序。对于都生效的抵押权而言，有登记的抵押权优先于没有登记的抵押权；都有登记的，按照登记的先后顺序；都没有登记的，则平等受偿。

案情介绍

2008 年 3 月 6 日，牛某因手头紧，向自己的邻居马某借款 5000 元，为保证自己能够及时还款，牛某便用自己的一套价值 1 万元祖传茶具进行抵押，双方签订了抵押合同。此后不久，牛某因生病无钱医治，又向邻居洪某借款 5000 元，洪某担心牛某到期不还款，同时知道牛某有一价值不菲的祖传茶具，便要求牛某用祖传茶具提供担保，牛某便又将该祖传茶具抵押给了洪某，双方签订了抵押合同，并到当地的公证部门办理了抵押登记。现牛某所欠马某和洪某的债务都已到期，牛某无力还款，同意变卖祖传茶具进行抵债。然祖传茶具变卖仅值 8000 元。洪某和马某发生争执，都认为自己的债权应当优先得到清偿。

答疑解惑

本案争议的焦点是：一物多抵时，抵押权的实现顺序怎样？依据《担保法》第 35 条的规定，当某个抵押物在第一次抵押之后，如果其价值超过了所担保的债权数额，则余额部分可以进行第二次、第三次甚至更多的抵押。这样一来，同一抵押物可能同时存在着多个抵押权。这种现象叫做一物多抵。一物多抵能充分发挥物的融资和担保功能。现实中一物多抵中众多抵押权的实现中最大的问题就是确定多个抵押权的实现顺序。就此问题，《担保法》的规定与《物权法》的规定存在冲突，我们应当按照《物权法》的相关规定来处理。在实践中，多个抵押权的实现顺序依照下列规定而确定：抵押合同以登记生效的，按照抵押物登记的先后顺序确定抵押权的实现顺序，顺序相同的，按照各自所担保的债权额比例就抵押物变价所得清偿；不需办理抵押物登记的，抵押合同自签订后生效，但抵押合同的当事人可以自愿登记，有登记的优先于没有登记的，如果都没有登记，则按照抵押合同担保的债权比例进行清偿。本案中，由于牛某抵押的财产祖传茶具是动产，抵押权无须登记，抵押权自抵押合同生效之日起产生。而马某的抵押权产生在先，洪某的抵押权产生在后，如果两个抵押权都没有登记，则马某的抵押权优先于洪某的抵押权得到实现。但由于马某的抵押权没有登记，而洪某的抵押权进行了登记，产生了对外的公示效力，因此，依照《物权法》相关规定，抵押权有登记的优先于没有登记的受偿。所以，本案中洪某的抵押权优先于马某的抵押权得到实现，抵押物所卖的 8000 元应当先清偿洪某的 5000 元，剩余的 3000 元清偿给马某。

法律链接

《中华人民共和国物权法》

第一百九十九条　同一财产向两个以上债权人抵押的，拍卖、变卖抵押财产所得的价款依照下列规定清偿：

（一）抵押权已登记的，按照登记的先后顺序清偿；顺序相同的，按照债权比例清偿；

（二）抵押权已登记的先于未登记的受偿；

（三）抵押权未登记的，按照债权比例清偿。

第一百七十八条　担保法与本法的规定不一致的，适用本法。

《中华人民共和国担保法》

第五十四条　同一财产向两个以上债权人抵押的，拍卖、变卖抵押物所得的价款按照以下规定清偿：（一）抵押合同以登记生效的，按照抵押物登记的先后顺序清偿；顺序相同的，按照债权比例清偿；（二）抵押合同自签订之日起生效的，该抵押物已登记的，按照本条第（一）项规定清偿；未登记的，按照合同生效时间的先后顺序清偿，顺序相同的，按照债权比例清偿。抵押物已登记的先于未登记的受偿。

《最高人民法院关于适用〈中华人民共和国担保法〉若干问题的解释》

第七十六条　同一动产向两个以上债权人抵押的，当事人未办理抵押物登记，实现抵押权时，各抵押权人按照债权比例受偿。

39. 何种情况下可以适用留置?

核心提示

留置权属于担保物权的一种,债权人可以留置的动产必须是自己已经合法占有的债务人的动产,而且该动产必须与债权属于同一法律关系。依照法律的规定,可以适用留置的债权包括:保管合同、运输合同、加工承揽合同和行纪合同等。但当事人可以在合同中约定不得留置的物。

案情介绍

2009 年 1 月,张某拿了一台录音机到某维修部进行修理,双方约定按实际维修费用计算,一周后取货交费。一周过后,张某到维修部要求拿走录音机,维修部要求张某支付维修费 50 元,张某认为维修费用太高,拒绝支付,双方协商不成。张某便跟维修部说:“要不这样,我还有一台电视机要修,我拿来给你修,但一定要少收费,到时一起给你维修费。”维修部同意,便将录音机给了张某。过了两天,张某将电视机拿给维修部维修,谁知,维修部告知张某,要求张某先支付维修录音机的 50 元维修费,否则就将电视机扣押留置。张某拒绝支付,为此发生纠纷。

答疑解惑

本案争议的焦点是:维修部能否留置电视机?留置权是:当债的一方逾期不履行债务时,合法占有债务人财产的一方有权扣留物品并享有对该物品的优先受偿权。留置权的构成要件在学理上分为积极要件与消极要件。积极要件包括:(1)标的物是动产。(2)须债权人合法占有债务人的动产。这种占有的原因通常是合法的合同行为,如债权人与债务人之间存在行纪、货运、保管、仓储、承担等合同关系,而不能非法占有债务人的动产。(3)须债权已届清偿期。(4)须债权的发生与动产的占有基于同一法律关系。消极要件包括:第一,对动产的占有不是基于侵权行为。第二,行使留置权不违背公序良俗。第三,债权人行使留置权与其承担的义务或者合同的特殊约定不相抵触。《物权法》第230条规定:"债务人不履行到期债务,债权人可以留置已经合法占有的债务人的动产,并有权就该动产优先受偿"。而且,债权人留置的动产,应当与债权属于同一法律关系,但企业之间留置的除外。同时,法律规定或者当事人约定不得留置的动产,不得留置。本案中,维修部与张某之间确实存在加工合同,加工物也是动产,债务人张某未履行债务,维修部可以行使留置权,但其留置的只能是录音机,而不是电视机,因为电视机与原来的加工合同不存在关联性。所以维修部不得留置电视机,其留置的行为属于非法扣押。

法律链接

《中华人民共和国担保法》

第八十二条　本法所称留置,是指依照本法第八十四条的规定,债权人按照合同约定占有债务人的动产,债务人不按照合同约定的期限履行债务的,债权人有权依照本法规定留置该财产,以该财产折价或者以拍卖、变卖该财产的价款优先受偿。

第八十四条　因保管合同、运输合同、加工承揽合同发生的债权,债务人不履行债务的,债权人有留置权。法律规定可以留置的其他合同,适用前款规定。当事人可以在合同中约定不得留置的物。

《中华人民共和国物权法》

第二百三十条　债务人不履行到期债务，债权人可以留置已经合法占有的债务人的动产，并有权就该动产优先受偿。前款规定的债权人为留置权人，占有的动产为留置财产。

第二百三十一条　债权人留置的动产，应当与债权属于同一法律关系，但企业之间留置的除外。

第二百三十二条　法律规定或者当事人约定不得留置的动产，不得留置。

《最高人民法院关于适用〈中华人民共和国担保法〉若干问题的解释》

第一百零九条　债权人的债权已届清偿期，债权人对动产的占有与其债权的发生有牵连关系，债权人可以留置其所占有的动产。

40. 定金与预付款该如何区分？

核心提示

定金属于债的一种担保方式，是独立于合同价款之外，当事人违约的，应当适用定金罚则。而预付款仅仅是合同总价款的一部分，本身不具有担保作用，在合同履行时，预付款应计入到合同总价款之中。

案情介绍

甲欲购房，看中房地产开发商乙开发的楼盘中的C座1508房。乙售楼人员告甲："你可先交定金1万元，我公司可为你保留半个月，半个月内你来签商品房买卖合同。"甲当场交定金1万元。10天后，甲去乙处签约，售楼人员告甲："此房已售出，你可看看其他房是否适合您。若不适合，1万元退给您。"甲大怒，诉至法院，要求乙双倍返还定金 2 万元。乙则辩称 1 万元为预付款。

答疑解惑

本案争议的焦点是：甲给付乙的 1 万元在性质上是定金还是预付款？定金与预付款都是在合同履行前一方当事人先给付对方的一定款项，都具有预先给付性质，在合同履行后，都可以抵作价款或收回，这是两者的相同之处。两者的区别，主要是：(1)定金的主要作用是担保合同的履行，是合同担保方式，而预付款的主要作用是为接受预付款的一方解决资金上的困难，使之更有条件按合同规定适当履行，属于履行的一部分；(2)交付定金的协议是从合同，而交付预付款的协议只是合同内容的一部分；(3)定金除了担保作用外，还具有证明合同的作用，当事人对合同是否成立产生争议时，法院或仲裁机构查明是否有定金交付即可判断合同是否成立；而预付款不具有合同成立的证明力；(4)定金只有在交付后才能成立，而交付预付款的协议只要双方意思表示一致即可成立；(5)定金一般为一次性交付，而预付款可分期支付。根据《民法通则》第 89 条规定，定金具有制裁违约方补偿受害方的作用，即“给付定金的一方不履行债务的，无权要求返还定金；接受定金的一方不履行债务的，应当双倍返还定金”。也就是说，定金当事人不履行主合同时，适用定金罚则，即交付定金的一方不履行合同的，丧失定金；接受定金的一方不履行合同的，应当双倍返还定金。而预付款交付后当事人不履行合同的，不发生丧失或双倍返还的问题，交付一方不履行合同时，预付款可抵作违约金和赔偿金，有余款的可以请求对方返还；接受一方不履行合同时，除承担违约责任外，还必须如数返还预付款。本案中，甲、乙双方明确约定 1 万元为定金，所以应认定为定金，乙违反双方约定，所以应当双倍返还甲，即应该给甲 2 万元。

法律链接

《中华人民共和国担保法》

第八十九条　当事人可以约定一方向对方给付定金作为债权的担保。债务人履行债务后，定金应当抵作价款或者收回。给付定金的一方不履行约定的债务的，无权要求返还定金；收受定金的一方不履行约定的债务的，应当双倍返还定金。

第九十条　定金应当以书面形式约定。当事人在定金合同中应当约定交付定金的期限。定金合同从实际交付定金之日起生效。

《最高人民法院关于适用〈中华人民共和国担保法〉若干问题的解释》

第一百一十五条　当事人约定以交付定金作为订立主合同担保的，给付定金的一方拒绝订立主合同的，无权要求返还定金；收受定金的一方拒绝订立合同的，应当双倍返还定金。

五、债务时效

41. 什么是诉讼时效，为什么有些合法债权不受法律保护？

核心提示

“欠债还钱，天经地义”是民间的一句俗语，欠他人钱财是一定要还的。可在法律程序上，法律对债权人行使权利的时间作出了一定的限制。这就涉及诉讼时效的法律问题。

案情介绍

2005年3月3日，杨某在谢某经营的家电行里买了一台价格为1800元的电视机。因为两人很熟悉，杨某没有直接付款，向谢某口头答应月底付清电视款，并写了“今欠谢某电视机款1800元，月底前付清”的欠条。后因谢某生意繁忙，将欠条放在抽屉的一个角落，便把杨某欠款的事给忘了。2007年5月，谢某在整理时发现了欠条，便多次打电话催要电视机款，均被杨某拒绝。5月16日，谢某将杨某告上法庭。

杨某开庭时承认曾于2005年3月3日向谢某购买电视机并写有欠条，但辩称谢某在两年时间内均没有向其追讨过，不同意还款。法院经审理认为：被告杨某于2005年3月3日向谢某购买电视机并写有欠条，因欠条约定还款期限为当年3月底，故应受诉讼时效二年的限期，原告谢某于 2007 年 5 月才向杨某主张权利并提起诉讼，且无充分证据证明谢某在此二年期间曾向被告杨某追讨债务，故无法律上规定的诉讼时效中止、中断的情况，应承担不利于自己的法律后果。最终法院判决驳回谢某的诉讼请求，谢某因疏忽导致自己“哑巴吃黄连”。

答疑解惑

本案涉及我国民事法律中的诉讼时效制度，那么什么是诉讼时效制度？诉讼时效制度，是指民事权利受到侵害的权利人在法定的时效期间内不行使权利，当时效期间届满时，即丧失了请求人民法院依诉讼程序强制义务人履行义务权利的制度。在法律规定的诉讼时效期间内，权利人提出请求的，人民法院就强制义务人履行所承担的义务；而在法定的诉讼时效期间届满之后，权利人才行使请求权的，人民法院就不再予以保护。它包含两层意思：一是权利人在此时间内享有依诉讼程序请求人民法院予以保护的权利；二是这一权利如果在此时间内不行使即归于消灭。

诉讼时效的法律后果表现在以下方面：(1)诉讼时效属于消灭时效。就是说，在诉讼时效期间届满之后，权利人享有的胜诉权被消灭，即权利人丧失了获得法律强制保护的权利。(2)诉讼时效消灭胜诉权，而不消灭起诉权。根据《最高人民法院关于适用〈中华人民共和国民事诉讼法〉若干问题的意见》第 153 条的规定，权利人在超过诉讼时效期间后起诉的，人民法院仍应予以受理，不得以诉讼时效届满为由不予受理。因为人民法院在受理之后才能查明诉讼时效是否届满。当然，如果有人民法院受理后查明没有中止、中断、延长事由的，则依法判决驳回其诉讼请求。如果人民法院查明权利人确有正当理由的，则依法认定诉讼时效中止、中断或予以延长，以便保护权利人的权利。(3)诉讼时效届满并不消灭实体权利，这就是说，诉讼时效届满，导致权利人的胜诉权消失，人民法院不再予以强制保护。但是，权利人基于民事法律关系所享有的民事权利（实体权利）仍然存在，所以，义务人在诉讼时效届满之后自愿向权利人履行义务的，权利人仍然有权接受，不受诉讼时效限制。而且基于当事人实体权利义务的存在，义务人在自愿履行义务后，又以超过诉讼时效为由反悔的，人民法院也不予以支持。

设立诉讼时效制度的意义在于：有利于督促权利人及时行使其权利，有利于稳定社会经济秩序，有利于人民法院及时正确地处理民事纠纷。如果权利人能够行使其权利而长期怠于行使，则使义务人的法律地位长期处于不确定状态，将导致当事人之间社会关系的事实状态和法律状态长期不一致，不利于在当事人之间建立新的、确定化的社会关系。同时，如果权利人长期怠于行使权利，还可能造成证据湮灭，不利于人民法院查清事实真相和及时正确地处理民事纠纷。

诉讼时效依据时间的长短和适用范围分为一般诉讼时效和特殊诉讼时效。一般诉讼时效，是指在一般情况下普遍适用的时效，这类时效不是针对某一特殊情况规定的，而是普遍适用的。我国规定民事诉讼的一般诉讼时效为二年。特别诉讼时效，指针对某些特定的民事法律关系而制定的诉讼时效。特殊时效优于普通时效，凡有特殊时效规定的，适用特殊时效，主要有以下几种 ：(1)短期时效。短期时效指诉讼时效不满二年的时效。《民法通则》第 136 条规定了四种短期诉讼时效的情况：身体受到伤害要求赔偿的；出售质量不合规格的商品未声明的；延付或拒付租金的；寄存财物被丢失或被损坏的。(2)长期诉讼时效。长期诉讼时效是指诉讼时效在二年以上二十年以下的诉讼时效。(3)最长诉讼时效。最长诉讼时效为二十年。《民法通则》第 137 条规定，最长诉讼时效的期间从权利被侵害之日起计算，权利人不知道自己的权利被侵害，其主张权利时效最长不超过二十年，超过二十年的，人民法院不予保护。

法律链接

《中华人民共和国民法通则》

第一百三十五条　向人民法院请求保护民事权利的诉讼时效期间为二年，

法律另有规定的除外。

第一百三十六条　下列时效为一年：1. 身体受到伤害要求赔偿的；2. 出售质量不合规格的商品未声明的；3. 延付或拒付租金的；4. 寄存财物被丢失或被损坏的。

第一百三十七条　从权利被侵害之日起超过二十年，人民法院不予保护。

42. 债务人未提出诉讼时效抗辩的，法院能否主动审查？

核心提示

诉讼时效期间届满后，法院仍应对案件进行受理，在审理阶段也不应主动援引诉讼时效的规定进行裁判。

案情介绍

2004 年 8 月，黄某因准备给儿子娶媳妇，决定对破旧的祖屋进行修缮，但需要较大一笔费用。由于家中仅有 1 万多元存款，便准备向在城里从事个体生意的亲戚宋某借 5000 元。宋某于 8 月 16 日拿了 5000 元给黄某。黄某收到钱后，给宋某写了一张内容为“今借到宋某 5000 元，于 2004 年 12 月前归还”的借条。2005 年 2 月，黄某的妻子因患病住院，使得本已经济紧张的黄某更是捉襟见肘。宋某考虑到黄家经济条件不好，所以虽然借款期到后也没有向黄某追讨。2009 年春节，宋某向黄某提到归还借款的事时，遭到黄某拒绝。宋某一怒之下于 3 月向法院起诉。

收到法院传票后，黄某认为宋某的主张已过了两年的诉讼时效，法院将不予保护，于是对开庭一事置之不理，也未提交答辩。数日后，法院开庭缺席审理了该案，随后作出判决，要求黄某偿还宋某的借款5000元。黄某不服一审判决，认为借款事实虽然存在，但宋某在借款期限到后二年的时效期间内没有向黄某主张权利，宋某的主张已经超过诉讼时效，一审法院不应受理该案，即使受理后也应当以借款超过诉讼时效为由驳回宋某的诉讼请求，于是向市法院提起上诉，提出诉讼时效抗辩。市法院驳回上诉，维持了一审判决。

答疑解惑

本案争议的焦点是：诉讼中当事人未以对方超过诉讼时效为由提出抗辩，法院能否主动进行审查？诉讼时效抗辩权的行使阶段是否有限制，即当事人在一审期间未提出诉讼时效抗辩的，在二审期间提出的，法院是否予以支持？

通过法院的判决，我们可以看到：第一，诉讼时效制度设定的最初目的在于督促权利人行使权利，但根本目的在于维护社会交易秩序的稳定，而非对权利本身的否定。即使原告因被告提出诉讼时效抗辩而败诉，其丧失的也仅仅是取得法院支持的胜诉权，而非债权本身。第二，诉讼时效制度作为民法中的一项基本制度，属于私法，在适用过程中应遵循意思自治的原则。诉讼时效期间届满，义务人享有诉讼时效抗辩权，可以据此主张拒绝履行诉讼时效期间已经届满的债务，对于其权利主张，法院应予支持。但由于诉讼时效抗辩权为义务人的私权利，其行使与否，属于义务人意思自治的范畴，因此义务人不主张诉讼时效抗辩权且不损害国家、集体及第三人合法权益的情况下，法院不主动援用诉讼时效的规定进行裁判。第三，诉讼时效抗辩具有可处分性。当事人有权在法律规定的范围内自主行使和处分其实体权利和诉讼权利，该权利也包括诉讼时效抗辩权。在民事诉讼中，法院遵循“不告不理”的原则，法官在诉讼中居于中立地位，不能主动审理当事人之间的纠纷，审理和判决不得超过当事人请求的范围。这里的“告”既包括原告的诉讼请求，也包括被告的答辩理由。因此，法院对当事人未提出的答辩理由不应代当事人提出并进行审理，如果主动适用诉讼时效制度代替债务人行使抗辩权，则干预了当事人的处分权，对另一方当事人也不公平。

需要指出的是，法院不应主动援引诉讼时效的规定进行裁判，也包括在受理案件的程序审阶段也不应主动审查诉讼时效问题。在案件受理后，如果义务人进行时效抗辩，法院在查明诉讼时效期间届满的情况下，判决驳回原告诉讼请求。同时，如果对答辩时间没有任何限制，甚至允许在二审中随时提出，将使得固定诉争焦点、确定事实存在极大不稳定性，也会造成纵容答辩方恶意迟候答辩、进行诉讼突袭的情形，对对方当事人的权利保护不利。因此，当事人在一审期间未提出诉讼时效抗辩，在二审期间提出的，人民法院一般不予支持。

通过上述分析，我们了解到诉讼时效制度的设置是赋予被告对原告通过公力途径追索债务的合法抗辩权，诉讼时效性质上是债务人免予被强制履行债务的法定阻却事由，属于债务人享有的诉讼权利。债务人对自己的权利有自主的处分权，其不主动行使的，人民法院不得主动审查，也不能援引诉讼时效制度来判决否定权利人的诉讼请求。同时，被告行使该抗辩权须在答辩期内，如在一审期间未提出而在二审期间提出的，人民法院将不予支持，这与我国《民法通则》第138条关于“超过诉讼时效期间，当事人自愿履行的，不受诉讼时效限制”的立法精神是吻合的。

法律链接

《最高人民法院关于贯彻执行〈中华人民共和国民法通则〉若干问题的意见(试行)》

171. 过了诉讼时效期间，义务人履行义务后又以超过诉讼时效为由翻悔的，不予支持。

《最高人民法院关于审理民事案件适用诉讼时效制度若干问题的规定》

第三条　当事人未提出诉讼时效抗辩，人民法院不应对诉讼时效问题进行释明及主动适用诉讼时效的规定进行裁判。

第四条　当事人在一审期间未提出诉讼时效抗辩，在二审期间提出的，人民法院不予支持,但其基于新的证据能够证明对方当事人的请求权已过诉讼时效期间的情形除外。

当事人未按照前款规定提出诉讼时效抗辩,以诉讼时效期间届满为由申请再审或者提出再审抗辩的,人民法院不予支持。

43. 欠条未约定还款期限的,诉讼时效如何起算?

核心提示

买受人在交易时未支付价款,合同中也未约定期限的,买受人向出卖人出具没有还款日期的欠条,出卖人可以随时主张债权,诉讼时效期间从债权人要求债务人履行义务的宽限期届满之日起计算。

案情介绍

甲贸易公司从1998年开始对张某的农产品进行长期收购,由于合作顺利,双方没有约定具体给付货款的时间。2004年下半年,甲贸易公司又从张某处收购了一批小麦和玉米,由于资金紧张未及时给付货款。同年12月22日,甲公司向张某出具欠条确认拖欠货款96000元,欠条上未确定还款期限。由于甲公司经营亏损无法给付货款,便于2007年6月5日再次向张某出具欠条确认欠货款96000元的事实。其后,张某多次向甲公司索要货款未果。张某遂于2009年8月起诉至法院,要求甲公司支付货款。

被告甲公司辩称,张某与甲公司之间尽管未约定买卖合同付款义务的履行期限,但2004年12月22日的欠条是对债务的确认,此时应开始计算诉讼时效。之后甲公司再次出具欠条确认债务时,诉讼时效中断,自出具欠条之次日再次起算,即诉讼时效从2007年6月6日起算,至2009年6月5日届满。因此,认为张某的诉讼请求已经超过诉讼时效。

张某则认为，其与甲公司之间未约定付款义务的履行期限，其可以随时要求甲公司履行。张某向法院提起诉讼要求甲公司给付货款的行为，应视为张某向甲公司主张权利，诉讼时效期间应当从提起诉讼时起算。

答疑解惑

本案争议的焦点是：原被告双方未约定支付货款义务的履行期限，之后被告两次出具了没有还款期限的欠款条，此时原告的诉讼请求是否超过诉讼时效期间？本案实际涉及两个问题：一是欠条的法律性质；二是未约定履行期限的合同所涉债权请求权诉讼时效应从何时开始起算。

关于欠条的法律性质，应根据其出具的具体情况进行分析。第一种情况是合同项下一方已履行了合同义务（如交付货物），但另一方履行义务（如给付货款）期限尚未届满，此时出具欠条仅仅是作为形成债务合同法律关系存在的证明，这种情况下债务人未立即支付货款并未侵害债权人的利益，因此诉讼时效并未起算。第二种情况是合同已届履行期限后出具欠条的情形，此时应认为该欠条是债务人对其所欠债务的确认，其未定履行期限，表明其未有还款承诺，这种情况下诉讼时效期间从此时中断。第三种情况是合同中未约定履行期限，在卖方交付货物时，买方出具没有还款日期欠条的情形。如果根据补充约定或之前交易的习惯能够确定买方应当即时支付货款，或能够确定支付货款期限而在该期限届满后未还款而出具没有还款期限欠条的，应认定诉讼时效中断，如果卖方在诉讼时效中断后一直未主张权利，诉讼时效期间则应从卖方收到买方所写欠款条之日的第二天开始重新计算。如果是不能确定明确的履行期限，则债权人可以随时主张权利，诉讼时效从此时开始起算。

本案中双方达成的口头买卖协议未定履行期限，且不能根据《合同法》第 61 条的规定确定明确的履行期限，故应当根据《合同法》第

62 条的规定，债权人可以随时主张权利，债务人也可随时履行义务。在没有明确的履行期限的情况下，甲公司在张某交付货物后出具没有还款日期的欠条，只能作为双方存在未定履行期限的债权债务的一种证明，而非诉讼时效期间的起算点，更谈不上是诉讼时效中断。从本案的情况来看，张某在甲公司 2007 年 6 月 5 日出具欠条后向甲公司主张权利，但甲公司一直未明确拒绝履行，视为张某一直在给予甲公司履行义务的宽限期。现张某向法院提起诉讼，要求甲公司履行给付货款义务，诉讼时效期间才开始起算。故张某的诉讼请求并未超过诉讼时效，应当予以支持。

法律链接

《中华人民共和国民法通则》

第一百三十七条　诉讼时效期间从知道或者应当知道权利被侵害时起计算。但是，从权利被侵害之日起超过二十年的，人民法院不予保护。有特殊情况的，人民法院可以延长诉讼时效期间。

《中华人民共和国合同法》

第六十一条　合同生效后，当事人就质量、价款或者报酬、履行地点等内容没有约定或者约定不明确的，可以协议补充；不能达成补充协议的，按照合同有关条款或者交易习惯确定。

第六十二条　当事人就有关合同内容约定不明确，依照本法第六十一条的规定仍不能确定的，适用下列规定：

（一）质量要求不明确的，按照国家标准、行业标准履行；没有国家标准、行业标准的，按照通常标准或者符合合同目的的特定标准履行。

（二）价款或者报酬不明确的，按照订立合同时履行地的市场价格履行；依法应当执行政府定价或者政府指导价的，按照规定履行。

（三）履行地点不明确，给付货币的，在接受货币一方所在地履行；交付不动产的，在不动产所在地履行；其他标的，在履行义务一方所在地履行。

（四）履行期限不明确的，债务人可以随时履行，债权人也可以随时要求履行，但应当给对方必要的准备时间。

（五）履行方式不明确的，按照有利于实现合同目的的方式履行。

（六）履行费用的负担不明确的，由履行义务一方负担。

《最高人民法院关于审理民事案件适用诉讼时效制度若干问题的规定》

第六条　未约定履行期限的合同，依照合同法第六十一条、第六十二条的规定，可以确定履行期限的，诉讼时效期间从履行期限届满之日起计算；不能确定履行期限的，诉讼时效期间从债权人要求债务人履行义务的宽限期届满之日起计算，但债务人在债权人第一次向其主张权利之时明确表示不履行义务的，诉讼时效期间从债务人明确表示不履行义务之日起计算。

44. 起诉后又撤诉能否引起诉讼时效中断？

核心提示

起诉后又撤诉的，如果权利人主张权利的意思已经到达义务人，应认定诉讼时效中断。

案情介绍

王某经营种子生意，2006 年期间由于资金周转困难，于 7 月 10 日向薛某借款 1 万元，约定一个月后还款，并写下了借条。由于薛某自己的疏忽，忘了向王某催还借款，而王某也没有主动还款。2008 年 8 月 1 日，薛某在抽屉里发现了该借条，才想起此事，并找王某催讨。遭到王某无理拒绝后，薛某于 8 月 4 日将王某起诉至法院，要求王某偿还借款。8 月 7 日，法院向被告王某送达了起诉状副本。王某眼看诉讼时效将过却被薛某起诉到法院，便动起歪脑筋。当日，王某找到薛某，称半个月内保证还款，请求薛某撤诉。次日，薛某来到法院，称被告已同意还他钱了，申请撤诉，法院便作出了准予撤诉的裁定。不料时过半月，王某仍未还钱。8 月 25 日，薛某再次来到法院起诉。

王某以超过诉讼时效期间为由提出抗辩，认为虽然 2008 年 8 月 4 日薛某曾向法院起诉，但之后薛某申请撤诉，法院也准予撤诉，应视为未起诉，诉讼时效不中断。并认为薛某起诉后又撤回起诉，其未真正行使请求保护其权利的权利，这种撤回起诉所导致的后果是对于权利人起诉行为的否定，使得起诉自始即归于无效。而 2008 年 8 月 25 日离还款履行期限(2006 年 8 月 10 日)已超过二年，请求驳回薛某的诉讼请求。王某还矢口否认 8 月 7 日曾找过薛某并保证半个月内还款的事实。

答疑解惑

本案争议的焦点是：彭某起诉后又撤诉，此笔借款诉讼时效是否已中断？

一般来说，撤诉是指原告申请撤回对被告的诉讼请求从而要求人民法院终结已开始的诉讼。撤诉是诉讼活动中当事人意思自治和处分原则的具体体现，《民事诉讼法》第 13 条规定“当事人有权在法律规定的范围内处分自己的民事权利和诉讼权利”，其法律后果通常会直接导致诉讼的终结。关于撤诉，我国法律规定了以下情形：第 131 条规定“宣判前，原告申请撤诉的，是否准许，由人民法院裁定”；第 129 条规定“原告经传票传唤，无正当理由拒不到庭的，或者未经法庭许可中途退庭的，可以按撤诉处理”；《最高人民法院关于适用〈中华人民共和国民事诉讼法〉若干问题的意见》第 143 条规定“原告应当预交而未预交案件受理费，人民法院应当通知其预交，通知后仍不预交或者申请减、缓、免未获人民法院批准而仍不预交的，裁定按自动撤诉处理”。其中，第一种情形是起诉后主动撤诉，后两种情形是按撤诉处理和按自动撤诉处理。

依据民事诉讼法法理，“诉的撤回视为未起诉”，原告撤诉表明其撤回向法院提出诉讼的诉讼行为，撤诉与未起诉具有同样的法律效果。因此，因起诉而产生的法律效力也一并消灭，权利义务也回复到起诉之前的状态。但如果是在起诉状副本已送达义务人或者法院以口头通知等方式将权利人起诉的事实告知义务人的情形下，由于权利人主张权利的意思表示已到达义务人，符合《民法通则》第140条规定的"当事人一方提出要求"，此时应认定诉讼时效中断。因此，撤诉是否具有诉讼时效中断的法律效力，应区分撤诉时是否已将起诉状副本送达义务人，或者以口头告知等方式将权利人提起诉讼主张权利的意思表示告知义务人的情形。本案中，虽然王某矢口否认薛某在诉讼期间内曾向其主张过权利，但薛某于2008年8月4日将王某起诉至法院，且8月7日法院向王某送达了起诉状副本，视为薛某向王某主张了权利，因此应认定诉讼时效中断。

对于起诉后因未交诉讼费而被视为撤诉的情形，当事人未依法缴纳案件受理费，人民法院不应予以立案。因此，如果原告没有合法理由未缴纳诉讼费而被按自动撤诉处理的，应认定原告以提起诉讼主张权利的意思表示并不真实，其起诉行为本身不应具有诉讼时效中断的效力。如果权利人主张权利的意思表示尚未告知义务人，则不发生诉讼时效中断的效力。对于起诉后原告经传票传唤，无正当理由拒不到庭，或者未经法庭许可中途退庭，被按撤诉处理的情形，由于已经进入实体审理阶段，因此起诉状副本已送达义务人，法院也当然告知了义务人起诉事实，属于"当事人一方提出要求"，具有诉讼时效中断的效力。

法律链接

《中华人民共和国民法通则》

第一百四十条　诉讼时效因提起诉讼、当事人一方提出要求或者同意履行义务而中断。从中断时起，诉讼时效期间重新计算。

《最高人民法院关于审理民事案件适用诉讼时效制度若干问题的规定》

第十二条　当事人一方向人民法院提交起诉状或者口头起诉的，诉讼时效从提交起诉状或者口头起诉之日起中断。

45. 因客观情况导致权利人不能主张权利，能否构成诉讼时效中止？

核心提示

在诉讼时效期间的最后6个月内，因不可抗力或者其他障碍不能行使请求权的，诉讼时效中止。从中止时效的原因消除之日起，诉讼时效期间继续计算。

案情介绍

胡某是一名农民工，由于为人踏实、勤劳肯干，几年下来积攒了不少血汗钱。在同一工地又是老乡的何某因家中老母亲需要动手术治病，于2004年3月和5月分别向胡某借了1万元钱，并在借条中写明2004年年底前还清。谁知天有不测风云，2004年11月，胡某在工地干活时不小心失足从三层楼摔落，经住院治疗后被家人接回家中，但已变成植物人。2009年8月，胡某在家人的精心照料下恢复了意识，手脚也有了知觉，看到因自己变得贫困的家庭，想起何某还欠自己2万元钱，便委托儿子小胡找何某讨钱，却总是碰壁。2009年9月，小胡作为胡某的代理人向法院提起诉讼，要求何某偿还所欠的2万元。何某认为其所欠的2万元应当于2004年年底前还清，现在胡某才要求其返还已超过诉讼时效，不同意还钱。胡某则认为自己前两年因变成植物人失去知觉，不能提起主张，并没有放弃这笔债权。

答疑解惑

本案争议的焦点是：胡某因变成植物人而不能主张债权是否能作为对抗其超过诉讼时效期间的理由？这涉及诉讼时效中止制度。诉讼时效的中止，是指在诉讼时效期间行将届满时，因特定事由发生而造成权利人无法行使其权利，诉讼时效期间的计算处于暂停状态，须待该事由结束后再继续计算。

构成诉讼时效中止需符合以下条件：

第一，时间上，中止事由须发生在或者持续地进入到诉讼时效期间的最后6个月内。如果事由发生在诉讼时效期间的最后6个月之前并结束的，则不能发生诉讼时效中止的后果；如果发生在诉讼时效期间的最后6个月内或者虽然在最后6个月之前但持续地进入到最后6个月内时，才能构成中止事由。这里的“持续”不是指作为事由的事件本身的持续，而是根据其阻碍权利人行使请求权的持续时间来判断。至于该中止事由具体阻碍权利人行使权利多长时间并不影响诉讼时效。

第二，客观条件上，必须是不可抗力或其他障碍。不可抗力，是指当事人不能预见、不能避免且不能克服的客观情况，包括自然灾害和人的活动，前者如地震、洪水、台风等，后者如战争、罢工等。出现不可抗力时，使得权利人在客观上无法在法律规定的时效期间内行使请求权，即使权利人主观上想行使也无济于事。而其他障碍是指在客观上阻碍权利人主张权利的事由。在日常生活中主要包括以下情形：一是权利被侵害的无民事行为能力人、限制民事行为能力人没有法定代理人，或者法定代理人死亡、丧失代理权、丧失行为能力的。这种情形下因权利人本身无法主张权利，而其法定代理人又存在客观障碍，因此在代理人重新确定前，时效应中止计算。二是继承开始后未确定继承人或者遗产管理人。此时继承权或遗产管理权存在争议，被继承人生前享有的权利自然无法行使。同样，被继承人生前所欠的债务，债权人也因无请求或起诉的相对人而无法主张。三是权利人被义务人或者其他人控制无法主张权利。如义务人与权利人之间存在监护与被监护关系，在该关系存在期间，权利人的意志被义务人控制导致无法主张权利的情况下，应当适用诉讼时效中止的规定。

第三，后果上，中止事由须导致权利人不能行使请求权。中止事由与权利人不能行使请求权之间，必须存在因果关系即该客观事由的发生，导致权利人虽然主观上虽有主张权利的意思，但客观上因为该事由的存在无法主张权利。

诉讼时效期间的起算是以权利人可以行使权利而不行使为前提的，如果在诉讼时效进行中的某一时间内出现了权利人主张权利的客观障碍，法律规定诉讼时效期间继续进行，那么就会导致权利人因时效经过而受损，产生不公平的结果。因此，法律设立了诉讼时效中止制度，其目的就在于保证权利人具有积极行使其权利的足够时间，不至于因为时效期间过短而发生时效届满的效果。本案中，胡某对何某的债权的履行期限是 2004 年年底，因此正常情况下诉讼时效期间到 2006 年年底。而 2004 年 11 月，胡某因变成植物人造成其无法主张债权，该状态又延续到 2009 年 8 月，因此从诉讼时效期间的最后 6 个月即 2005 年 7 月起就发生诉讼时效中止的法律后果，诉讼时效应当从胡某恢复意识能够主张权利的 2009 年 8 月起继续计算，因此胡某于 9 月提起诉讼没有超过诉讼时效期间。法院也支持了胡某的诉讼请求，判令何某偿还胡某 2 万元。

法律链接

《中华人民共和国民法通则》

第一百三十九条　在诉讼时效期间的最后六个月内，因不可抗力或者其他障碍不能行使请求权的，诉讼时效中止。从中止时效的原因消除之日起，诉讼时效期间继续计算。

《最高人民法院关于贯彻执行〈中华人民共和国民法通则〉若干问题的意见(试行)》

172.在诉讼时效期间的最后六个月内,权利被侵害的无民事行为能力人、限制民事行为能力人没有法定代理人,或者法定代理人死亡、丧失代理权,或者法定代理人本人丧失行为能力的,可以认定为因其他障碍不能行使请求权,适用诉讼时效中止。

《最高人民法院关于审理民事案件适用诉讼时效制度若干问题的规定》

第二十条　有下列情形之一的,应当认定为民法通则第一百三十九条规定的"其他障碍",诉讼时效中止:

(一)权利被侵害的无民事行为能力人、限制民事行为能力人没有法定代理人,或者法定代理人死亡、丧失代理权、丧失行为能力;

(二)继承开始后未确定继承人或者遗产管理人;

(三)权利人被义务人或者其他人控制无法主张权利;

(四)其他导致权利人不能主张权利的客观情形。

46. 同一债务分期履行时,应如何计算诉讼时效?

核心提示

同一笔债务约定分期履行的,给付各期债务请求权的诉讼时效从最后一期履行期限届满之日起算。

案情介绍

2004年2月6日,李某因购买种子、化肥等物资缺乏资金,向郑某借款36000元,约定借款期限为6个月。李某在借据上签名。

借款到期后,李某以收成不好为由一直没有偿还借款。2005年

5月6日，在村干部的见证下，李某承认欠郑某借款36000元，并经与郑某协商同意后出具分期还款承诺，承诺分4次还清：2005年12月30日前6000元及利息，2006年5月10日前10000元及利息，2006年12月30日前20000元及利息，2007年5月10日前5000元及利息。李某在分期还款承诺上签名、盖手印。

此后，李某于2005年12月31日还本金6000元，2006年5月20日还本金4000元，2006年12月31日还本金4000元，2007年2月24日还本金2000元。余款未再履行还款义务。

2009年3月16日，郑某向人民法院提起诉讼，要求李某给付尚欠的借款本金20000元及利息。

庭审中，李某辩称，二人签订还款承诺是事实，但双方订立还款承诺中的第三期还款日期为2006年12月30日前，而其最后一次还款是2007年2月24日，郑某又是2009年3月16日向法院起诉的，起诉时已超过法律规定的诉讼时效期限（二年），郑某又未能提交证据证明其在2007年2月24日至2009年3月16日起诉之日期间有法律规定的诉讼时效中断的事实，故自第三期还款计划之前应归还的借款本息均已超出诉讼时效。第四期还款计划中的5000元本息的还款日期为2007年5月10日，未超过诉讼时效，因此只同意归还最后一期的5000元及利息。

郑某则认为，李某所订的还款承诺是对整个债务36000元本息所作出的，其最后给付日期为2007年5月10日，至郑某起诉之日，并未超过诉讼时效，不应将一笔借款形成的债务因李某分期付款而分割开来去从诉讼时效上苛求郑某，其诉讼请求应全部支持。

答疑解惑

本案争议的焦点是：分期履行债务的诉讼时效如何计算？是从最后一期履行期限届满计算诉讼时效还是对各期履行期限届满即分别计算诉讼时效？

分期履行之债，是指当事人在同一份合同中约定，对合同约定的债务分期履行。其特点是对合同约定的债务，并非一次性全部给付，而是分期给付，各期给付的标的物的质量、数量及履行地点等，都可以在合同项下分别约定。对于分期履行之债，可能是同一笔债务也可能是具有同一性质的不同笔债务。因此这里首先要区分两个文义近似的两个不同概念：定期给付债务和分期给付债务。

定期给付债务，是指在履行具有双务性的继续性合同中持续定期发生的债务。其特点是此类债务虽在一份合同中约定，但在合同履行过程中不断产生，因此各期债务履行期届满后，均为独立债务。如租金、工资、水电费等均属定期给付的债务。分期给付债务，是指某一债务发生后，当事人依照约定的时间分期履行的债务。其特点是此类债务在合同订立时即产生，并非在合同履行过程中产生，因此其本质是一个债务分作数期给付，该债务具有同一性和整体性。如分期买卖合同中约定的分期付款、分期交货，借款合同中约定的分期还贷等。

本案中，李某因不能一次性清偿到期债务，经双方协商一致出具分期还款承诺，该协议是双方当事人的真实意思表示，且不损害国家、集体及第三人的利益，不违反公共利益和法律、法规禁止性规定，根据《中华人民共和国民法通则》第55条的规定，应认定该还款承诺合法有效。同时，该承诺约定偿还的债务是一个单一的整体，是在当事人签订合同时即已确定，只不过对于该同一笔债务约定了分期履行、而非一次性履行而已，因此属于上面所说的分期给付债务。尽管因为还款承诺对整体债务分别约定了分期履行的期限和数额，使其具有一定的独立性，但该独立性并没有否定该笔债务的同一性。分期还款协议的性质及其特征，决定了这样一个事实：若第一期债务人逾期付款，则第二期付款之时，债务人就必须给付第一、二期两期应付的款项。债务人以自己的违约行为，改变了协议约定的具体给付日期，此时，只要债权人不追究，债务人可以顺次改变下去，至最后一期的给付期限。对于前几次约定还款日期的逾期，债权人可以随时向法院起诉，要求债务人按约归还，也可以留待最后一期。如期间债务人给付部分款项，最终期限逾期后，债权人可以一并起诉，要求债务人给付余款及利息。最后一期的付款日期，应视为整笔债务的最后履行期限。

因此，李某向郑某出具的还款承诺，实际上是郑某实现自身债权的时间约定。李某在第一次还款期限届满后的第二天才给付第一期款项，已经以实际行动违反了该协议，以后的数次还款均未按协议约定的时间和数额全部履行。郑某在每期期限届满后可以分别起诉，也可以不分别起诉，这属于郑某权利自治的范畴。本案中，郑某对这笔债权之所以同意李某分期给付，是因为希望李某能利用这段期限增强还款的能力，事实上李某也分期偿还了部分借款，因此不能认为郑某放任自己的权利被侵害，更不能认为郑某同意李某的还款承诺来限制自己请求权的行使。郑某选择了最后一期还款期限（2007 年 5 月 10 日）为借款的最后履行期限，因其于 2009 年 3 月 16 日向法院提起诉讼，在期限届满二年内，因此并没有超过诉讼时效。

法律链接

《中华人民共和国民法通则》

第一百三十七条　诉讼时效期间从知道或者应当知道权利被侵害时起计算。但是，从权利被侵害之日起超过二十年的，人民法院不予保护。有特殊情况的，人民法院可以延长诉讼时效期间。

《最高人民法院关于审理民事案件适用诉讼时效制度若干问题的规定》

第五条　当事人约定同一债务分期履行的，诉讼时效期间从最后一期履行期限届满之日起计算。

47. 抚养费是否适用诉讼时效的规定?

核心提示

基于身份权被侵害而产生的给付抚养费请求权,在该身份存续期间,不适用诉讼时效的规定。

案情介绍

谢某与周某于1990年相识并结婚,次年生育了儿子小谢。1993年,二人性格不合协议离婚。考虑到孩子才两岁,便约定孩子先跟在农村的母亲周某生活,等孩子6岁上小学时再到城里跟父亲谢某生活。离婚协议中还约定小谢在跟随周某生活期间,谢某每月给予小谢生活费500元。1995年年底,谢某因为生意经营较好,来到省城发展业务并在省城定居,之后就没有和周某母子联系,也没有再支付小谢的生活费。1996年,周某经人介绍跟在县城开小店的柳某再婚,便带小谢一起搬到城里。由于柳某开小店收入还不错,周某母子的生活有着落,于是也没有向谢某讨要生活费。不料,柳某于2005年患上了绝症,虽然花光了家中所有的积蓄,仍然病逝了。周某母子又陷入经济困境,小谢也时值初中毕业,连上高中的学费都成为难题。于是周某找到谢某,要求其支付小谢从1996年起的生活费,遭到谢某拒绝。周某起诉至法院。

谢某认为,周某在小谢6岁时没有按照离婚协议约定将小谢交其抚养,是周某违约在先;周某在小谢6岁后仍抚养孩子的行为已构成对原先离婚协议的变更,应视为自行抚养,故周某无权再向其索要小谢的抚养费。谢某还认为，周某在小谢 6 岁后如果认为有权索要抚养费，应当在法律规定的诉讼时效期间二年内追索，现从小谢 6 岁起已过了 8 年，因此只同意给付最近两年的抚养费计 1.2 万元。

周某则认为，小谢现尚未成年，正准备读高中，如果只给付最近两年的生活费自己实在负担太重。而且虽然多年未向谢某索要小谢的抚养费，但谢某与小谢的血缘关系仍是父子，这种基于血缘关系的请求权不应受到诉讼时效的限制。

答疑解惑

本案争议的焦点是：诉讼时效的客体是请求权，但是否一切请求权都适用诉讼时效？这种基于血亲关系产生的对抚养费的请求权是否受到诉讼时效的限制？

首先应当了解的是，基于血亲关系产生的对抚养费的请求权属于身份权请求权。所谓“身份权请求权”，是指民事主体在其身份权的圆满状态受到妨害或者有妨害之虞时，得向加害人或者人民法院请求加害人为一定行为或者不为一定行为，以回复身份权的圆满状态或者防止妨害的权利。根据其是否具有财产利益内容为划分标准，可以将其分为具有财产利益内容的身份权请求权和不具有财产利益内容的身份权请求权。前者主要包括因亲属关系被侵害而产生的损害赔偿请求权，以及给付赡养费、抚养费和扶养费等；后者主要包括停止侵害、赔礼道歉、消除影响请求权。

对于停止侵害、赔礼道歉、消除影响请求权等这类不具有财产利益内容的身份权请求权，其基于身份权这一支配权产生，如果适用诉讼时效的规定，将破坏身份权的圆满状态，从而权利主体的身份权无法得到保障，有违公序良俗和伦理道德。因此，这一类身份权请求权不应适用诉讼时效的规定。对于因亲属关系被侵害而产生的损害赔偿请求权，以及给付赡养费、抚养费和扶养费等具有财产利益内容的身份权请求权，其是否适用诉讼时效的规定，应根据其是否涉及公序良俗和伦理道德。如果违背公序良俗和伦理道德的，不应适用诉讼时效的规定;反之则应当适用诉讼时效的规定。

例如,根据我国《婚姻法》第46条的规定"有下列情形之一,导致离婚的,无过错方有权请求损害赔偿:(一)重婚的;(二)有配偶者与他人同居的;(三)实施家庭暴力的;(四)虐待、遗弃家庭成员的",合法的婚姻关系中无过错方有权请求对方予以损害赔偿。这种情况下的损害赔偿请求权应当适用诉讼时效的规定。值得注意的是,行使该请求权的时间我国法律作了特别规定:(1)符合《婚姻法》第46条规定的无过错方作为原告基于该条规定向人民法院提起损害赔偿请求的,必须在离婚诉讼的同时提出;(2)符合《婚姻法》第46条规定的无过错方作为被告的离婚诉讼案件,如果被告不同意离婚也不基于该条规定提起损害赔偿请求的,可在离婚后一年内就此单独提起诉讼;(3)无过错方作为被告的离婚诉讼案件,一审时被告未基于《婚姻法》第46条规定提出损害赔偿请求,二审期间提出的,人民法院应当进行调解,调解不成的,告知当事人在离婚后一年内另行起诉。

而对于给付赡养费、抚养费和扶养费的请求权,尽管其带有浓厚的财产内容,但由于该请求权涉及权利人的生存权,义务人如果不支付该费用将影响到权利人的生活,涉及公序良俗。因此,在给付期届满后权利人请求给付上述权利的救济性请求权不应适用诉讼时效。需要注意的是,由于给付赡养费、抚养费和扶养费请求权是基于当事人的特殊身份,因此该请求权不适用诉讼时效的情况必须是以特殊身份的存续关系为条件。例如,被抚养人已年满18周岁,不具备法律保护的被抚养的条件,这时再请求其18周岁之前的抚养费,则应当适用诉讼时效的规定。该诉讼时效期间从不具备被抚养条件之日起计算。又如,被赡养人享有给付赡养费请求权,但如果被赡养人死亡,则该请求权因请求权主体不存在而消灭。

本案中,小谢是谢某的儿子,谢某具有抚养的义务。周某作为小谢的法定代理人向谢某提起抚养费的诉讼,该请求权是基于谢某与小谢的血亲关系,且小谢现在尚未成年,故该抚养费请求权不受诉讼时效的限制。法院在调解时指出,把子女养育成人是为人父母的天职，也是法律赋予不可推卸的责任，该责任不可抛弃。谢某虽与周某离婚并约定从6岁时抚养小谢，但周某自愿承担了抚养小谢的义务，反而是谢某之后再没尽过父亲的抚养义务，其推脱义务的行为于情相悖、于法不容。在法院的调解下，谢某同意承担小谢的抚养费。

法律链接

《最高人民法院关于审理民事案件适用诉讼时效制度若干问题的规定》

第一条　当事人可以对债权请求权提出诉讼时效抗辩，但对下列债权请求权提出诉讼时效抗辩的，人民法院不予支持：

（一）支付存款本金及利息请求权；

（二）兑付国债、金融债券以及向不特定对象发行的企业债券本息请求权；

（三）基于投资关系产生的缴付出资请求权；

（四）其他依法不适用诉讼时效规定的债权请求权。

48. 诉讼时效的起算时间应该怎么算？

核心提示

交通事故造成的人身损害，伤害明显并能明确损失的，诉讼时效期间从受伤害之日起算；损害结果未显现或未停止的，从损害结果处于确定状态后，损害人和被损害人权利义务内容得以确认起计算。

案情介绍

2004年5月5日，梁某驾驶摩托车经过县城一处十字路口时，被一辆突出闯出的小货车撞到，小货车将梁某腾空撞飞，然后重重地摔在马路上，梁某的头部、颈部皮肤被撕裂，腰椎多处骨折。事发后，小货车逃逸，路人报警并呼叫 120 救护车。5 月 17 日，公安交警经检验、鉴定作出“肇事逃逸车辆对该事故负全部责任”的交通事故认定书并告知梁某及其家属。受害人受伤后，被送往医院检查治疗，经诊断多处骨折，住院治疗至 2004 年 10 月 16 日。2004 年 10 月 29 日，受害人之伤经法医鉴定构成七级伤残。2005 年 5 月 22 日，公安交警查获肇事车辆和肇事司机鲁某。之后梁某的家人多次向肇事司机鲁某索赔，鲁某均称车辆所有人系林某，自己是被雇的司机以及车辆已经投保，如要索赔就找林某和保险公司。索赔未果之下，梁某家人向法院提起诉讼，将鲁某、林某以及保险公司一起告上法庭，要求赔偿医疗费、误工费、伤残赔偿金、护理费等各项损失十余万元。

法庭上，三被告均辩称事故发生时间为 2004 年 5 月 5 日，自该日起原告“知道或者应当知道权利被侵害”，故至梁某家人向鲁某主张权利以及向法院提起诉讼，均已超过法律规定人身损害赔偿适用 1 年的诉讼时效，请求驳回原告的诉讼请求。

答疑解惑

诉讼时效期间是权利人请求司法救济的有效期间，超过此期间，权利人即失去法律的保护。因此，如何确定期间的起算，对权利人至关重要。我国《民法通则》第 137 条“诉讼时效期间从知道或者应当知道权利被侵害时起算”的规定是我国法律对于诉讼时效期间起算的基本规定。由于该条规定过于简略，如何认定权利人“应当知道”权利被侵害？是以侵害行为还是以侵害结果来认定“权利被侵害时”？在未知侵害人的情况下，诉讼时效期间应否起算？对这些问题，《最高人民法院关于贯彻执行〈中华人民共和国民法通则〉若干问题的意见》仅在第 168 条提到人身损害赔偿的诉讼时效期间如何起算，但对其他情况并未作出相应解释。

关于诉讼时效期间的起算时间，司法实务对以下情况的认识比较统一。一是附条件的债，其诉讼时效期间的起算时间应自条件成就之日起算；二是定有履行期限的债，诉讼时效期间的起算时间应自约定的履行期限届满之日起算；三是对于未定有履行期限的债，诉讼时效期间的起算时间应自债权人给予的宽限期限届满之日起算。

对于类似本案的道路交通事故人身损害赔偿案件，人们对于其诉讼时效期间起算方式的认识和做法很不一致，主要有存在以下几种认识：

1. 道路交通事故发生日。其依据是《民通意见》第168条的规定，“人身损害赔偿的诉讼时效期间，伤害明显的，从受伤害之日起算”。以道路交通事故发生日作为诉讼时效的起算日，在司法实践中是被普遍接受和适用的方式之一。

2. 交通事故认定书送达日。2004年5月1日《中华人民共和国道路交通安全法》实施以后，交警部门的调解不再是当事人向人民法院提起民事诉讼的必经程序，但法院仍要求当事人在起诉时必须提供交警部门的事故认定书，没有事故认定书的，人民法院不予受理。因此，有人认为既然事故认定书是起诉的前提条件，交通事故认定书送达日就应当作为为诉讼时效期间的起算日。

3. 治疗终结日。有人认为，事故认定书送达当事人后，受害人的治疗可能尚未结束，当事人仍需两次、三次，甚至多次手术，损失处于不确定状态，无法向法院明确诉讼请求，因此应当以治疗终结日起计算诉讼时效。据此，有人以出院之日作为治疗终结之日，有人以康复之日作为治疗终结之日，有人以伤残评定之日作为治疗终结之日。

法院在审理时认为，损害行为和损害结果都可以作为认定“权利被损害”的事实依据，但应该结合两方面具体情况考量诉讼时效期间的起算点。对于侵害行为终结时损害结果即处于停止状态的，应以行为终结时即交通事故发生日为起算点。对于损害结果未显现或未停止的状态，难以确定损害人和被损害人权利义务内容的，诉讼时效期间应当允许被损害人在治愈出院之后（无须大的后续治疗）或治疗终结使得损害结果处于确定状态后（根据医嘱能基本明确后续治疗费用）再行使请求权。达到伤残的，从伤残鉴定结论确定之日起计算。如有自行协商或由交警等调解组织进行调解的，应认定构成诉讼时效中断。肇事逃逸并在上述时间之后查明的，从确定车辆所有人、实际支配人和肇事人之日起算。

本案中，受害人受伤严重住院治疗至 2004 年 10 月 16 日，2004 年 10 月 29 日，受害人经法医鉴定构成七级伤残。在知道侵害人的情况下，诉讼时效应当从 2004 年 10 月 29 日起计算，但本案直至 2005 年 5 月 22 日，公安交警才查获肇事车辆和肇事司机鲁某。在此之前受害人未知侵害人，诉讼时效期间不予起算，因此法院认为诉讼时效应从 2005 年 5 月 22 日起计算，梁某没有超过诉讼时效。

法律链接

《中华人民共和国民法通则》

第一百三十六条　下列的诉讼时效期间为一年：

（一）身体受到伤害要求赔偿的；

（二）出售质量不合格的商品未声明的；

（三）延付或者拒付租金的；

（四）寄存财物被丢失或者损毁的。

第一百三十七条　诉讼时效期间从知道或者应当知道权利被侵害时起计算。但是，从权利被侵害之日起超过二十年的，人民法院不予保护。有特殊情况的，人民法院可以延长诉讼时效期间。

《最高人民法院关于贯彻执行〈中华人民共和国民法通则〉若干问题的意见（试行）》

168. 人身损害赔偿的诉讼时效期间，伤害明显的，从受伤害之日起算；伤害当时未曾发现，后经检查确诊并能证明是由侵害引起的，从伤势确诊之日起算。

《中华人民共和国道路交通安全法》

第七十四条　对交通事故损害赔偿的争议，当事人可以请求公安机关交通管理部门调解，也可以直接向人民法院提起民事诉讼。

经公安机关交通管理部门调解，当事人未达成协议或者调解书生效后不履行的，当事人可以向人民法院提起民事诉讼。

49. 因债务人地址变更导致债权人的催款通知未能到达，能否引起诉讼时效中断？

核心提示

债权人在诉讼时效期间内向债务人原住所地邮寄催款公函，但因债务人地址变更未告知债权人，导致债权人的催款通知未能到达债务人，应认定为“当事人一方提出要求”，产生诉讼时效中断的法律后果。

案情介绍

2001 年起，在省城经营饲料公司的齐某向某乡个体工商户余某长期供应牲畜饲料，由于货款总是拖后打入公司账户，两三年下来便累积了一些赊账款。经结算，余某在齐某的结算欠款单上确认了3.6万元的拖欠款，并承诺于 2005 年 12 月 30 日前结清。2005 年下半年，余某由于厂房租期已满，便更换了经营场所，同时也找到了新的供货商，便不再向齐某公司进货。齐某多次向余某电话催款，但所拨打手机均已停止使用，于是于 2008 年 4 月 10 日用信函向余某催款，不久之后该信函也因地址错误被退回。齐某于 2009 年 1 月 8 日诉至法院，要求被告余某给付尚欠货款。

庭审中，被告对原告主张的欠款事实及数额均不持异议，但提出自双方约定还款日至原告方起诉之日止，已超过二年的法定诉讼时效，而且原告在此期间内从未向被告主张过权利，不存在诉讼时效中断的情况，因此要求法院驳回原告的诉讼请求。原告则认为，在此期间其曾根据与被告签订合同中被告所留地址向被告寄出催款通知，只是由于被告变更地址又未通知其的缘故未能送达而已，其主观没有过错，而被告存在明显逃债的意图。原告为证明在此期间内向被告主张过权利并由此导致诉讼时效中断，提供了盖章的催款公函以及邮寄该催款公函的挂号函件收据。该收据上的邮戳日期为 2008 年 4 月 11 日，催款公函的催款对象以及邮件收件人为被告，寄送地址为双方签订合同上余某所留地址。

答疑解惑

本案争议的焦点是：原告在诉讼时效期间内向被告住所地邮寄催款公函，但因债务人地址变更导致债权人的催款通知未能到达，能否引起诉讼时效的中断？

根据《民法通则》第 140 条的规定："诉讼时效因提起诉讼、当事人一方提出要求或者同意履行义务而中断。从中断时起，诉讼时效期间重新计算。"同时《最高人民法院关于审理民事案件适用诉讼时效制度若干问题的规定》第 10 条进一步指出，"当事人一方以发送信件或者数据电文方式主张权利，信件或者数据电文到达或者应当到达对方当事人的"，应当认定为《民法通则》第 140 条规定的"当事人一方提出要求"，产生诉讼时效中断的效力。

"到达"是指"实际到达"，即指主张权利的意思表示确已到达相对人的支配范围之内，使相对人能够了解权利人的意思。一般情况下，权利人直接向义务人送交催收文书，当文书到达义务人之时，义务人即处于能够了解权利人意思的状态。"应当到达"也称拟制到达，是指权利人主张权利的意思表示并未真正到达相对人，但依据法律规定或者当事人约定的合理方式，在正常情况下，该意思表示能够到达债务人。在这种情况下，权利人主张权利的意思表示虽然因客观情况未能实际到达义务人，但该意思表示依法定或约定形式发出，依照常理应当到达义务人，权利人对未能实际到达的后果本身并无过错，就不应否定其向义务人主张权利意思表示行为的客观存在。因此，如果权利人有积极主张权利的内心意思表示以及行为（表意行为和送达行为)，即使该主张权利的意思因客观情况未能实际到达债务人，但只要债权人有证据证明对债务人发出主张权利的意思表示，就应当认定符合《民法通则》和《最高人民法院关于贯彻执行〈中华人民共和国民法通则〉若干问题的意见》中权利人向债务人主张了权利的规定，发生诉讼时效中断的法律后果。

同时，从诉讼时效制度设计的目的来看，该制度是为了督促权利人积极行使自己的权利，保证社会经济秩序的正常流转，从而避免历时很长的请求权所产生的举证困难的问题，因此赋予义务人以时效抗辩，允许其在法定期间之后可以拒绝履行的权利。因此，这一制度设计立法目的的实现是建立在权利人怠于行使自己权利的基础上，从而以时效制度来促进权利义务关系的稳定。而在本案中，原告在诉讼时效期间内向被告发出过催款公函，足以表明其并未怠于行使自己的权利。催款公函未能有效到达被告方，其原因在于被告在地址变更后没有及时告知原告，原告根据双方合同中被告所留地址通过邮寄方式主张权利并无过错。在被告住所地变更且未通知原告的情况下，原告有理由相信被告仍以原址为住所地。相反，如果要求原告在主张权利之前再查明被告的住所地是否变更、变更于何处，则附加给了原告过多的注意义务，也失去了诉讼时效制度在权利人与义务人双方利益保护之间所作出的平衡。为此，《最高人民法院关于以法院专递方式邮寄送达民事诉讼文书的若干规定》指出，“因受送达人自己提供或者确认的送达地址不准确、拒不提供送达地址、送达地址变更未及时告知人民法院、受送达人本人或者受送达人指定的代收人拒绝签收，导致诉讼文书未能被受送达人实际接收的，文书退回之日视为送达之日”。

最后法院认为，由于被告未及时告知原告邮寄地址变更的情形，权利人对邮寄地址错误并无过错，原告对被告所留的变更前的邮寄地址具有合理信赖，认为根据该地址主张权利的意思表示应当到被告，故应视同原告的意思表示到达被告。原告在诉讼时效期间内向被告原住所地邮寄催款公函的行为能够引起诉讼时效的中断。对于被告住所地变更，导致催款公函没能准确到达被告方的风险应由被告方承担，因此原告的诉讼请求应予支持。

法律链接

《中华人民共和国民法通则》

第一百四十条　诉讼时效因提起诉讼、当事人一方提出要求或者同意履行义务而中断。从中断时起，诉讼时效期间重新计算。

《最高人民法院关于审理民事案件适用诉讼时效制度若干问题的规定》

第十条　具有下列情形之一的，应当认定为民法通则第一百四十条规定的“当事人一方提出要求”，产生诉讼时效中断的效力：

（一）当事人一方直接向对方当事人送交主张权利文书，对方当事人在文书上签字、盖章或者虽未签字、盖章但能够以其他方式证明该文书到达对方当事人的；

（二）当事人一方以发送信件或者数据电文方式主张权利，信件或者数据电文到达或者应当到达对方当事人的；

（三）当事人一方为金融机构，依照法律规定或者当事人约定从对方当事人账户中扣收欠款本息的；

（四）当事人一方下落不明，对方当事人在国家级或者下落不明的当事人一方住所地的省级有影响的媒体上刊登具有主张权利内容的公告的，但法律和司法解释另有特别规定的，适用其规定。

50. 保证期间与保证债务的诉讼时效有什么不同吗？

核心提示

保证期间不同与诉讼时效，它是由当事人约定的或者法律规定的保证人承担保证责任的期间，在此期间内债权人依法定方式主张权利后，保证债务的诉讼时效才开始计算。

案情介绍

2005年1月20日，经营家具店的杜某因进货需要资金，向霍某借款10万元，并出具借条："今借到霍某现金拾万元整，月息1.5%，还款期限一年。"并由杜某亲戚李某作为保证人在借条中签字提供担保。2006年2月5日杜某向霍某偿还本金3万元。之后杜某因暂时无法偿还剩余的7万元本金，仅每月结算利息付给霍某。至2006年12月后，杜某就再未向霍某偿还本息，霍某经多次索款未果后，于2007年3月19日向法院提起诉讼，要求被杜某偿还借款本金7万元及利息，被告李某承担连带清偿责任。

原告霍某认为，其与被告在借款合同中约定还款期限一年，因此主债务的诉讼时效应该从2006年1月21日起计算二年，至2008年1月20日止。现其于2007年3月19日向法院提起诉讼，没有超过诉讼时效，因此杜某应当偿还尚欠的7万元本息，李某应承担连带保证责任。

被告杜某没有答辩。被告李某则认为，保证责任不同与连带债务责任，借款合同没有约定保证期间，应视为合同履行期届满后半年。杜某的主债务履行期为2006年1月20日，现霍某时隔合同履行期满一年多才向其主张保证责任，已过保证期间，故其不应再承担保证责任。

答疑解惑

本案争议的焦点是：保证期间与保证债务的诉讼时效是不同的概念，如果没有区分二者，就可能承担不利的法律后果。

保证期间，也称"保证责任的期限"，是指由当事人约定的或者法律规定的保证人承担保证责任的期间。在该期间内，债权人的请求权持续存在，一旦债权人向主债务人提起诉讼或仲裁(一般保证情况下)，或向保证人提出承担保证义务的要求(连带责任情况下)，债权人的请求权就得以实现，保证期间即告终结，而此时保证债务诉讼时效才开始。如果在保证期间内如果债权人不依法定方式行为，则保证人于该期间届满后即免除保证责任。且保证期间不因任何事由发生中断、中止和延长的法律后果。

下面通过保证债务权利的行使来进一步了解保证期间与保证债务诉讼时效的区别：

1.一般保证债务的诉讼时效的起算

根据《担保法》和司法解释的规定，一般保证债务的权利主张方式是债权人对主债务人提起诉讼或申请仲裁，诉讼时效起算的时间是从判决或者仲裁裁决生效之日计算。也就是说债权人必须在保证期间内对主债务人提起诉讼或者仲裁，而不必直接向一般保证的保证人主张权利。但是，此时一般保证债务的诉讼时效并不开始计算，只有等待法院或仲裁机构对主债务的诉讼作出的判决或者裁决生效之日，才开始计算一般保证债务的诉讼时效。

2.连带责任保证诉讼时效的起算

与一般保证不同的是，一般保证的保证人只是在主合同纠纷已经审判或仲裁，并就主债务人财产依法强制执行仍不能履行义务后才承担不能执行部分的义务；而连带责任保证人与主债务人承担着同样的责任和义务，债权人既可以要求主债务人承担义务，又可以要求保证人承担义务，也可以同时要求主债务人和保证人共同承担义务。因此，对于连带保证债务的诉讼时效，司法解释的规定是："连带责任保证的债权人在保证期间届满前要求保证人承担保证责任的，从债权人要求保证人承担保证责任之日起开始计算保证合同的诉讼时效。"由此可见，与一般保证的诉讼时效起算的条件不同，连带责任保证的债权人无须对主债务人提起诉讼或申请仲裁，也无须等待判决或仲裁裁决生效，而只需在保证期间届满前向连带责任保证人提出承担保证责任的要求，并且从提出要求之日起计算保证合同的诉讼时效。

实践中，由于当事人混淆了保证期间和诉讼时效，经常出现以下问题：(1)约定的保证期间早于或等于主债务履行期限。这种情况下该保证合同或保证条款无效，视为当事人没有约定，保证期间为主债务履行期届满之日起6个月。(2)约定保证期间直至主债务本息还清时为止。这种情况下应当视为约定不明，该保证合同或保证条款无效，保证期间为主债务履行期届满之日起二年。(3)既未约定还款期限又未约定保证期间。这种情况下保证期间应从债权人要求主债务人履行义务的宽限期届满之日起计算6个月。

本案中，原告霍某混淆了主债务诉讼时效与保证期间及保证债务诉讼时效的区别，没有在主债务履行期届满6个月的保证期间内向保证人李某要求承担连带保证责任，因此法院认为保证人李某免除保证责任，驳回原告霍某对被告李某的诉讼请求，仅判令杜某偿还所欠本息。

法律链接

《中华人民共和国担保法》

第二十五条　一般保证的保证人与债权人未约定保证期间的，保证期间为主债务履行期届满之日起六个月。

在合同约定的保证期间和前款规定的保证期间，债权人未对债务人提起诉讼或者申请仲裁的，保证人免除保证责任；债权人已提起诉讼或者申请仲裁的，保证期间适用诉讼时效中断的规定。

第二十六条　连带责任保证的保证人与债权人未约定保证期间的，债权人有权自主债务履行期届满之日起六个月内要求保证人承担保证责任。

在合同约定的保证期间和前款规定的保证期间，债权人未要求保证人承担保证责任的，保证人免除保证责任。

《最高人民法院关于适用〈中华人民共和国担保法〉若干问题的解释》

第三十一条　保证期间不因任何事由发生中断、中止、延长的法律后果。

第三十二条　保证合同约定的保证期间早于或者等于主债务履行期限的，

视为没有约定，保证期间为主债务履行期届满之日起六个月。

保证合同约定保证人承担保证责任直至主债务本息还清时为止等类似内容的，视为约定不明，保证期间为主债务履行期届满之日起二年。

第三十三条　主合同对主债务履行期限没有约定或者约定不明的，保证期间自债权人要求债务人履行义务的宽限期届满之日起计算。

第三十四条　一般保证的债权人在保证期间届满前对债务人提起诉讼或者申请仲裁的，从判决或者仲裁裁决生效之日起，开始计算保证合同的诉讼时效。

连带责任保证的债权人在保证期间届满前要求保证人承担保证责任的，从债权人要求保证人承担保证责任之日起，开始计算保证合同的诉讼时效。

51. 签订合同时即预先在空白催收通知单上加盖公章的行为，能否视为债务人放弃诉讼时效抗辩?

核心提示

诉讼时效制度是关于社会秩序和公共利益的强制性规定，当事人违反法律规定延长或缩短诉讼时效期间或者预先放弃诉讼时效利益的约定无效。

案情介绍

2000 年 8 月 6 日，某农资公司向县城的个体户邱某提供了价值 10.6 万元的农资物品，合同约定月底钱付清货款。邱某于月底付了 5 万元货款后就一直没有将剩余款项打进农资公司账户。而农资公司由于业务经办人发生变动，也一直未向邱某催要货款。2003 年 4 月 23 日，农资公司在清理旧账时发现邱某尚有未清款项，便向法院提起诉讼，请求判令邱某偿还货款 5.6 万元及利息。

邱某答辩称，双方合同约定2000年8月底付清货款，而农资公司于2003年4月才起诉要求其还款，已超过诉讼时效期间。于是农资公司向法院出示了一份由邱某签名并盖有手印的逾期货款催收通知单，证明其已于2002年8月20日向邱某催收过所欠的5.6万元货款，因此在诉讼期间内公司已向邱某主张权利，构成诉讼时效中断，现向法院提起诉讼并未超过时效。邱某辩称，该通知单上的签字和手印为双方签订合同时应农资公司业务经办人要求所留，农资公司2002年8月并未向其催要过货款。法院经向业务经办人取证并对通知单上的签字和手印进行鉴定后，认定通知单上邱某签字和手印为2000年所留，农资公司所称于2002年8月20日向邱某催收系自己在空白通知单上填写日期。最后法院以诉讼时效为强制性规定，邱某提前抛弃时效的行为无效，驳回农资公司的诉讼请求。

答疑解惑

本案争议的焦点是：邱某提前在空白催款通知书上签名的行为能否认为是对主张诉讼时效抗辩权利的放弃，是否能认为其默认农资公司可以根据需要在催款通知单上任意填写时间从而随时主张债权？

诉讼时效制度虽然属于私法制度，但它体现的是国家基于公共利益和社会秩序的要求对于私领域的干预，体现了权利人与义务人的利益平衡。因此，民法对时效的规定是一种强制性规定，不许当事人依自由意志排除时效的适用、改变时效期间，或预先抛弃时效利益。当事人既不能通过协议变更时效期间的长短，也不能约定予以排除。如果允许当事人预先抛弃时效利益，有可能使权利人利用自己所处的优势地位，在订立合同之时乘机逼迫义务人同意抛弃，处于逆境中的义务人将被迫同意，这样便损害了义务人的利益。而且，如果允许当事人预先放弃时效，相当于允许权利人可以无限期地怠于主张权利，不利于维护稳定的市场交易秩序，从而背离了诉讼时效制度的宗旨。同样，如果当事人协议延长诉讼时效期间，不仅对债务人不利，也可能影响债务人周围形成的财产秩序，因为潜在的第三人并不知晓时效的变动从而将对债务人的财产状况存在合理信赖。

值得注意的是，“预先放弃”诉讼时效是指权利人对尚未取得的诉讼时效利益进行放弃。如本案中，合同订立时诉讼时效期间尚未起算，邱某也未取得诉讼时效利益，此时邱某对之后产生的诉讼时效利益进行放弃，即为“预先放弃”诉讼时效利益。此外，实践中经常有当事人约定变更合同履行期限，虽然这种延长或缩短履行期间的约定客观上起到延长或者缩短诉讼时效期间的作用，但并非法律禁止的变更诉讼时效期间。因为履行期限是权利人对义务人履行义务的合理预期，无论履行期限如何变更，均不能导致普通诉讼时效期间或者特殊诉讼时效期间的变化。而诉讼时效期间是法院保护权利人请求权的期间，是权利人对于其请求权得到法院保护的合理预期。因此，变更履行期限仅仅导致诉讼时效期间起算时间较之未变更履行期限之前被延长或者缩短，并非诉讼诉讼时效期间本身的变更。例如本案中，双方合同约定 2000 年 8 月底付清款项，由于邱某并未履行，按照二年普通诉讼时效的规定，诉讼时效期间届满日为 2002 年 9 月 1 日。如果双方在合同中约定诉讼时效期间届满日为 2003 年 9 月 1 日，则该约定属于违反诉讼时效法定的约定，应认为无效。而如果双方在合同履行期届满前将履行期限变更为 2001 年 8 月底，则义务人在 2001 年 8 月仍未履行合同义务时，诉讼时效期间从 2001 年 9 月 1 日起算至 2003 年 9 月 1 日。从表面上看，由于履行期限的变更，诉讼时效延长了一年，但这是由于诉讼时效起算点变化而根据法定时效期间进行的合法延长，并不属于法律禁止的对法定诉讼时效期间的延长。

因此，法院认为，虽然农资公司主张“邱某在催款通知单上提前签字和盖手印，是授权农资公司可以根据需要在催款通知单上任意填写时间的真实意思表示，即放弃了因时效届满而产生的时效利益和抗辩权”，但因为其属于“预先放弃诉讼时效利益的行为”，属于无效。

法律链接

《最高人民法院关于审理民事案件适用诉讼时效制度若干问题的规定》

第二条　当事人违反法律规定，约定延长或者缩短诉讼时效期间、预先放弃诉讼时效利益的，人民法院不予认可。

52. 向连带债务中的一个债务人主张权利能否对其他债务人发生诉讼时效中断的效力？

核心提示

连带之债诉讼时效中断具有涉他性，债权人对于连带债务人中的任一人主张权利使之发生诉讼时效中断的，应当认定对其他连带债务人也发生诉讼时效中断的效力。

案情介绍

甲与乙是表兄弟，二人准备在镇里开一家土特产店。二人约定由甲出资70%，乙出资30%，盈亏按照出资比例。2004年5月，由于生意经营不错，二人准备再开家分店，便向丙借款5万元。借款合同约定2004年12月31日前还款，月利率1%，借款人一栏由甲、乙两人共同签名。2006年8月，丙自己也需要资金，又眼见着二人还没有还款的意思，便多次找到甲要求还款，但甲均以目前没有钱为由要求延期还款。无奈之下，丙于2007年1月9日向法院提起诉讼，要求甲、乙二人共同偿还欠款及利息。

被告甲对债务没有异议，也承认丙曾于2006年8月起多次向自己要求还款的事实。被告乙认为自债务履行期届满期两年内丙都没有向自己主张债权，已超过诉讼时效，不同意偿还债务。

原告丙认为，甲、乙二人共同向其借款，应当承担连带责任，现其已在诉讼时效期间内向作为“老板”的甲主张权利，应当视为对乙同样发生效力，不能认为放弃对乙的权利请求。

答疑解惑

本案争议的焦点是：债权人向连带债务关系中的一个债务人主张权利，从而对该债务人产生诉讼时效中断效力，能否认为对其他债务人也发生诉讼时效中断的效力？

这里首先要了解连带债务的概念。连带之债，是指债的当事人一方或双方为多数，且多数人一方的各当事人都有权请求对方履行全部债务或者都负有向对方履行全部债务的义务，全部债权债务关系因债务的一次性的全部履行而消灭的债。因此，连带之债的多数人一方相互间有连带关系。我国《民法通则》第 87 条“债务人一方人数为两个以上的，依照法律规定或当事人约定，负有连带义务的每个债务人，都负有清偿全部债务的义务，履行了义务的人，有权要求其他负有连带义务的人偿付他应当承担的份额”，这里规定的即是连带之债。若债权人一方为多数且有连带关系，则为连带债权；若债务人一方为多数且有连带关系，则为连带债务。本案中，甲、乙二人共同向丙借款，甲、乙二人对丙承担的就是连带债务关系。

连带之债具有以下特征：(1)债务人须为多个。对于多个债务主体，权利人可以向其中一人主张权利，也可以向其中数人或者全体主张权利。(2)数个债务人须为同一给付。各个债务人均负有履行全部义务的责任。(3)数个债务具有同一目的。各个债务人虽然对债权人都负有履行的义务，但目的是共同确保债权人权利的实现，只要一个债务人履行义务实现了债权人的权利，则其他债务人对债权人的义务即告消灭。(4)连带债务对外连带、对内分担。对外，每个债务人均负有清偿全部债务的义务；对内，清偿了全部连带债务的债务人作为新的债权人可以要求其他债务人向自己偿付各自应分担的债务份额。

可见,连带债务制度的设定,目的在于赋予债权人向所有连带债务人主张全部给付的权利,从而以全体连带债务人的财产为其债权进行担保,以保护债权的实现。继而,法律对于连带之债赋予了涉他性,即对于任一连带债权人或连带债务人行为的效力也对其他连带债权人或连带债务人产生效力。因此,债权人对连带债务关系中的一个连带债务人主张权利,从而引起诉讼时效中断的效力也对其他连带债务人发生效力。事实上,债权人只向连带债务中的其中一个或者部分连带债务人主张权利,是基于对连带债务人负有连带清偿责任的信赖,从而根据连带债务制度的特点作出有利于自己的选择,而并非其怠于行使权利。本案中,丙向作为"老板"的大股东的甲主张权利而没有向"合伙人"的小股东丙主张权利便是出于对连带债务关系的这种信赖。在该情形下,如果因为债权人出于对该制度关于连带责任的信赖而未向其他连带债务人主张权利,导致对其他连带债务人的债权诉讼时效期间经过而得不到法律保护,也将使承担了清偿债务义务的连带债务人因其他连带债务人主张诉讼时效抗辩而无法实现追偿权,这显然与连带债务制度的立法目的相违背。

这里特别要注意的是,连带保证法律关系中保证人虽然对债权承担连带责任,但不同于上述的连带债务。因为连带保证人是从债务人而非主债务人,其所承担的债务是从债务,与主债务人或者连带债务人承担的主债务并非同一层次的债务关系。主债务人是最终债务主体,保证人承担保证责任后,有权对全部保证债务向债务人追偿,而不与主债务人分担债务。因此,连带担保法律关系中,主债权人既可以向主债务人主张权利也可以向连带保证人主张权利,在主债权人只向主债务人主张权利而未向保证人主张权利的情形下,不能认为其也向保证人主张权利。因此,债权人要求连带保证人承担保证责任的权利只能在保证期间内行使,不能因为连带债务诉讼时效中断效力具有涉他性就认为连带保证债务的诉讼时效中断也具有涉他性。

最后法院认为，甲、乙二人共同向丙借款，约定2004年12月31日前还款，是为连带债务，诉讼时效期间从2005年1月1日起至2006年12月31日。而2006年8月丙多次向甲主张权利要求还款，因此构成诉讼时效中断，且作为连带之债，该行为也对连带债务人乙发生效力，故乙称丙两年内未向其主张权利而超过诉讼时效的抗辩不成立。

法律链接

《最高人民法院关于审理民事案件适用诉讼时效制度若干问题的规定》

第十七条　对于连带债权人中的一人发生诉讼时效中断效力的事由，应当认定对其他连带债权人也发生诉讼时效中断的效力。

对于连带债务人中的一人发生诉讼时效中断效力的事由，应当认定对其他连带债务人也发生诉讼时效中断的效力。

《最高人民法院关于适用〈中华人民共和国担保法〉若干问题的解释》

第三十六条　一般保证中，主债务诉讼时效中断，保证债务诉讼时效中断；连带责任保证中，主债务诉讼时效中断，保证债务诉讼时效不中断。

53. 向村委会等组织请求保护民事权利的，能否构成诉讼时效中断？

核心提示

权利人向村委会等具有解决纠纷权限的组织提出请求，要求保护相应民事权利的，诉讼时效从提出请求之日起中断。

案情介绍

林某是养猪场的老板，与同村经营饲料的个体工商户朱某经常有业务往来。2002 年，因猪肉市场不景气，林某向朱某购进的饲料款一直没有付清。年底结账时，林某向朱某写了一张欠条，内容为“因购买猪饲料，截至 2002 年 12 月林某共拖欠朱某款项 2.6 万元，保证于 2003 年 6 月 30 日前还清”。谁知 2003 年猪肉市场仍然不景气，林某多次向朱某表示歉意，朱某也表示谅解。一转眼到了 2004 年 12 月，朱某又多次找林某讨要欠款，林某均以没有能力偿还为由不予理睬。考虑到都是同村村民，朱某不想把事情闹大，便于 2005 年 2 月请求村委会出面做林某的工作。村委会干部多次请林某和朱某共同到村委办公室协调还款一事，林某也均称没有能力。无奈之下，朱某于 2005 年 7 月 6 日向法院提起诉讼，要求林某偿还欠款。

林某认为，朱某提起诉讼的时间已超过还款期限两年，因此已超过诉讼时效，不同意还款。朱某则认为，两年间其多次向林某要求还款，而且还向村委会要求调解，因此没有怠于行使权利，不能认为超过诉讼时效。

答疑解惑

本案争议的焦点是，朱某向村委会要求调解能否认为是构成诉讼时效中断的事由？因为《最高人民法院关于贯彻执行〈中华人民共和国民法通则〉若干问题的意见》第 174 条仅明确规定了“权利人向人民调解委员会提出请求”构成诉讼时效中断，但对于“向有关单位提出请求”所指的规定并不明确。

近年来，随着矛盾纠纷解决方法的多元化，诉讼外纠纷解决机制日益被重视，有关单位和社会组织发挥调处民事纠纷的职能被不断强化，这也进一步推进了和谐社会的构建。充分发挥这些组织化解社会矛盾的职能，有利于节约司法资源，减少纠纷解决成本，促进纠纷快速化解。因此，在权利人未通过诉讼而把纠纷交由有关部门调处时，权利人仍有主张权利的意思表示并积极寻求纠纷解决，并非怠于行使权利，符合诉讼时效中断的法理，应构成诉讼时效中断。

需要注意的是，并非向任意组织要求保护自己的民事权利都能构成诉讼时效中断，权利人必须向具有解决纠纷权限的组织提出请求，即相关组织必须具有解决相应民事权利的权限。例如，《人民调解委员会组织条例》第 2 条指出“人民调解委员会是村民委员会和居民委员会下设的调解民间纠纷的群众性组织，在基层人民政府和基层人民法院指导下进行工作”。《村民委员会组织法》第 2 条指出：“村民委员会办理本村的公共事务和公益事业，调解民间纠纷，协助维护社会治安，向人民政府反映村民的意见、要求和提出建议”。《中华人民共和国消费者权益保护法》第 32 条指出：“消费者协会履行下列职能：……（四）受理消费者的投诉，并对投诉事项进行调查、调解”；第 34 条指出：“消费者和经营者发生消费者权益争议的，可以通过下列途径解决：……（二）请求消费者协会调解”。《中华人民共和国工会法》第 28 条指出：“工会参加企业的劳动争议调解工作。地方劳动争议仲裁组织应当有同级工会代表参加”。因此，对于相关国家机关、事业单位、社会组织是否有权解决纠纷，应根据法律、法规或地方文件以及结合有关单位的性质和职能具体认定。

同时，权利人在向相关组织提出的请求中应有保护自己相关民事权利的内容。如果仅仅是反映问题或提出建议意见，则不能构成诉讼时效中断。例如，向有行政执法权的行政机关举报行为人的某项行政违法行为，并非主张自己民事权利受损害要求赔偿的，不能认定构成诉讼时效中断。

此外，因为相关组织在处理权利人的请求在程序上没有诉讼程序那么规范，权利人应当注意，相关组织在调处纠纷时权利人和义务人应同时在场，共同参与调解、协商等过程。否则，如果权利人仅仅单方提交材料，将因在诉讼中需要承担举证证明曾请求有关单位保护其民事权利的义务，从而可能面临证据不被采信的风险。

本案中，朱某向村委会提出了请求，且村委会干部多次请林某和朱某共同协调还款一事。由于村委会具有调解民间纠纷的职能，朱某在调解过程中也有要求保护自己合法债权的意思表示，因此诉讼时效应当认定从提出请求之日起中断。最后，法院支持了朱某的诉讼请求，判令林某偿还朱某欠款。

法律链接

《最高人民法院关于贯彻执行〈中华人民共和国民法通则〉若干问题的意见（试行）》

174. 权利人向人民调解委员会或者有关单位提出保护民事权利的请求，从提出请求时起，诉讼时效中断。经调处达不成协议的，诉讼时效期间即重新起算；如调处达成协议，义务人未按协议所定期限履行义务的，诉讼时效期间应从期限届满时重新起算。

《最高人民法院关于审理民事案件适用诉讼时效制度若干问题的规定》

第十四条　权利人向人民调解委员会以及其他依法有权解决相关民事纠纷的国家机关、事业单位、社会团体等社会组织提出保护相应民事权利的请求，诉讼时效从提出请求之日起中断。

54. 债权转让后，诉讼时效从何时起算？

核心提示

债权转让的，应当认定诉讼时效从债权转让通知到达债务人之日起中断。

案情介绍

2006年12月20日，苏某向徐某借款50000元，并向徐某出具借条，借条上写明“今借到徐某现金伍万元整，利息按月利率1.5%计算，于2007年6月30日之前还清本息，今借人苏某，2006年12月20日。”期限届满后，徐某多次向苏某催要借款，但苏某因资金困难一直未付。2007年12月1日，徐某将持有的苏某具结的借条，到苏某家，表示要该债权转让给王某，苏某表示同意。此后，苏某也没有向王某履行还款义务。2009年11月5日，王某向法院起诉苏某，要求苏某归还这笔债务。苏某对王某作为原告的主体资格没有异议，但认为2007年12月1日，徐某只是通知该债务今后向王某偿还，并没有催讨，即没有向其主张权利，故该债务诉讼时效应从2007年7月1日起算至2009年6月30日止，现王某的起诉已经超过诉讼时效，请求法院驳回王某的诉讼请求。

法院认为，合法的借贷关系应受法律保护，债权人有权要求债务人按照合同的约定或者依照法律的规定履行义务。债权受让人因债权转让行为，享有对债务人的债权请求权。徐某将苏某向其借款50000元的债权转让给王某，已经通知苏某，故该债权转让合法有效。债权转让时徐某和王某虽然没有明确向苏某主张债权，但债权转让的诉讼时效应当从债权转让通知到达债务人之日起中断。故本案的诉讼时效应从2007年12月2日起算至2009年12月1日止，王某于2009年11月5日起诉没有超过诉讼时效，遂判决苏某应在判决生效之日起10日元偿还王某50000元及利息（利息从2006年12月20日起，按月利率1.5%计算至还款之日止）。

答疑解惑

本案争议的焦点是：债权转让后，诉讼时效该如何起算的问题。对此存在两种观点：一种观点认为，王某的诉讼时效应从2007年7

月1日起算至2009年6月30日止，故应判决驳回王某的诉讼请求。因为根据《合同法》第82条的规定："债务人接到债权转让通知后，债务人对让与人的抗辩，可以向受让人主张。"这意味着，债权转让的，债务人对原债权人的抗辩，可以向新债权人主张，这其中包括诉讼时效的抗辩，因此债权转让的，不得给债务人产生不利后果，债务人有权以原债务已经经过的诉讼时效期间的那部分时间，来对抗新债权人。另一种观点认为，王某的诉讼时效应从2007年12月2日起算至2009年12月1日止，故王某于2009年11月5日起诉没有超过诉讼时效，应判决支持王某的诉讼请求。

法院采纳了第二种观点，主要理由是：(1)债权转让，被转让的债权只是主体发生了变更，债的内容没有发生变更。基于债权的同一性，新债权人可以主张原债权人对债务人的抗辩权，也就是说，如果原债务诉讼时效期间已经届满，那么，债务人接收债权通知行为就不能认定其放弃诉讼时效抗辩权，债务人可以对新债权人主张原债务的诉讼时效抗辩权。(2)《合同法》第82条中规定的债务人对让与人的抗辩，可以向受让人主张，并不是说原债权还剩三个月到期，那么三个月之内，新债权人未向债务主张权利的，诉讼时效期间就届满。换句话说，就是债务人不能将诉讼时效期间在原债权人和新债权人之间连续计算，而应该从转让通知到达债务人之日起，诉讼时效期间发生中断，从通知到达债务人之日重新起算。

本案中，徐某与王某于2007年12月1日到苏某家，表示要将该债权转让王某，苏某表示同意，就可以认定该债务的诉讼时效从2007年12月2日起开始重新计算，至2009年12月1日止，而不论当日徐某与王某是否明确向张催讨债务。因此，王某于2009年11月5日起诉没有超过诉讼时效，应当判决支持王某的诉讼请求。

值得一提的是，在2008年8月21日《最高人民法院关于审理民事案件适用诉讼时效制度若干问题的规定》出台之前，第一种观点在司法实践被多数法院采纳，但在该规定出台之后，由于该司法解释已经明确对此作出规定，因此关于债权转让后诉讼时效该从何时起算的争议就可以宣告结束了。

法律链接

《中华人民共和国合同法》

第八十条　债权人转让权利的,应当通知债务人。未经通知,该转让对债务人不发生效力。

债权人转让权利的通知不得撤销,但经受让人同意的除外。

《最高法院关于审理民事案件适用诉讼时效制度若干问题的规定》

第十九条　债权转让的,应当认定诉讼时效从债权转让通知到达债务人之日起中断。

债务承担情形下,构成原债务人对债务承认的,应当认定诉讼时效从债务承担意思表示到达债权人之日起中断。

55. 当事人能否约定延长诉讼时效期间?

核心提示

当事人违反法律规定,约定延长或者缩短诉讼时效期间、预先放弃诉讼时效利益的,人民法院不予认可。

案情介绍

2007年3月26日,洪某因经商需要向沈某借款30000元,约定按月利率1.5%计算利息,于2007年9月1日前还清本息,并由洪某出具借条一张交由原告收执,该张借条载明的内容为:“借条　今向沈某借人民币叁万元整(月利率1.5%)　此据　洪某　2007年3

月 26 日。”借款后，沈某从朋友处听到民事法律中有关普通诉讼时效只有二年，超过二年诉讼时效期间，法律就不予保护的规定，担心洪某无法及时还款，就想了一个既不延长借款期限又能保证日后讨到钱的、自认为两全其美的办法。2007 年 7 月 30 日，沈某找到洪某，称还款的期限可以不变，但要洪某在借条上注明本债务的诉讼时效为 5 年，洪某表示同意，当即在原借条上添写：“本人愿意将本债务的诉讼时效延长为 5 年。”有了这样的约定，沈某就觉得十分放心。

2009 年 11 月，沈某想在市区购买一套商品房，钱不够，就向洪某催讨借款。但此时，洪某避而不见，也无法还款。无奈之下，沈某向法院起诉，要求洪某立即归还借款 300000 元及利息。在开庭之日，洪某委托的代理律师出庭应诉。在法庭上，洪某的律师辩称，该债务已经超过诉讼时效期间，请求法院判决驳回沈某的诉讼请求。沈某认为，洪某借款后，他因为没有用到钱，就没有向洪某催讨借款，但借条上已经载明，本债务的诉讼时效为 5 年，因此他的起诉没有超过诉讼时效，请求法院支持他的诉讼请求。

法院认为，原、被告之间的借贷关系，有被告出具的借条一份为据，事实清楚，证据充分，应予认定。双方之间的借贷关系未违反法律的强制性规定，应确认为合法有效。诉讼时效是对债权人行使债权请求权的法定时限，超过该时效的，不受法律保护。债权人向人民法院请求保护民事权利的诉讼时效期间为二年，从债权人知道或者应当知道权利被侵害时起计算。当事人约定延长诉讼时效期间的，人民法院不予认可。故本案原、被告之间关于本债务的诉讼时效为 5 年的约定，违反法律规定，该约定无效，应适用二年诉讼时效期间的规定。沈某的诉讼时效应从 2007 年 9 月 1 日起算至 2009 年 8 月 31 日止，故原告的起诉已经超过法律规定的二年诉讼时效期间，不受法律保护，遂判决驳回原告的诉讼请求。

答疑解惑

本案争议的焦点是：当事人能否约定延长诉讼时效期间？对此，

存在两种意见：一种意见认为，本案虽已过诉讼时效，但可适用诉讼时效延长。理由是：被告在诉讼时效期间为逃避债务而远走他乡，给原告请求履行债务造成障碍，依我国《民法通则》第 137 条规定，“诉讼时效期间从知道或者应当知道权利被侵害时起计算。但是，从权利被侵害之日起超过二十年的，人民法院不予保护。有特殊情况的，人民法院可以延长诉讼时效期间”。故适用诉讼时效延长，支持原告的诉讼请求。另一种意见认为：本案已过诉讼时效，不能适用诉讼时效延长。理由是：被告虽在诉讼时效期间为逃避债务远走他乡，但原告可通过提起诉讼、向相关人主张等途径导致诉讼时效的中断，由于原告怠于行使该项权利，而使诉讼时效已届满，应由其承担由此相应的法律责任，故本案应驳回原告的诉讼请求。

法院采纳第二种观点的主要理由是：(1)延长诉讼时效所依据的正当理由(事由)应由人民法院依职权确认，而不能由当事人双方进行约定。诉讼时效延长，是指人民法院查明权利人在诉讼时效期间确有法律规定之外有正当理由而未行使请求权的，适当延长已完成的诉讼时效期间。它是发生在诉讼时效届满之后，引起诉讼时效延长的事由，是由人民法院认定的。延长的期间，也是由人民法院依客观情况予以掌握。因为社会生活的复杂性决定了法律不可能将阻碍诉讼时效进行的情况全部地加以规定。当出现中止和中断诉讼时效的法定事由之外的事实即特殊情况，造成权利人逾期行使请求权时，有必要授权人民法院审查是否作为延长时效的事由，以弥补法律规定的不足。(2)诉讼时效的延长适用于已经届满的诉讼时效，而不能由双方当事人事先约定。法院在决定适用诉讼时效延长时，已完成的诉讼时效期间仍然有效力。(3)权利人在诉讼时效期间内没有行使权利基于某种特殊正当理由。所谓“特殊情况”，是指权利人由于障碍在法定诉讼时效期间不能行使请求权的情况，如权利人被限制人身自由、被羁押、被判刑，或因不可抗力等因素无法在诉讼时效期间内主张权利。而本案原告所称的延长诉讼时效，只是原告与被告之间的约定，该约定因违反法律对诉讼时效的强制性规定而无效，而且在诉讼时效期间内，也没有发生能原告无法主张权利的特殊情况，因此，原告在诉讼时效期间届满后，才向法院起诉，要求被告履行还款义务，已经超过诉讼时效。法院在查清案件事实的基础上，依法作出驳回原告诉讼请求的判决，是正确的。

值得注意的是，在诉讼时效制度中，还有诉讼时效中止、诉讼时效中断两种情形，但诉讼时效中止和中断均发生在诉讼时效期间届满之前，而诉讼时效的延长发生在诉讼时效期间届满之后。而本案也不存在诉讼时效中止和中断的情形，原告是在 2009 年 11 月才向被告催讨借款，而此时已超过二年的诉讼时效。

法律链接

《中华人民共和国民法通则》

第一百三十五条　向人民法院请求保护民事权利的诉讼时效期间为二年，法律另有规定的除外。

第一百三十七条　诉讼时效期间从知道或者应当知道权利被侵害时起计算。但是，从权利被侵害之日起超过二十年的，人民法院不予保护。有特殊情况的，人民法院可以延长诉讼时效期间。

《最高法院关于审理民事案件适用诉讼时效制度若干问题的规定》

第二条　当事人违反法律规定，约定延长或者缩短诉讼时效期间、预先放弃诉讼时效利益的，人民法院不予认可。

56. 债务人口头同意还款，但事后又以超过诉讼时效期间为由不愿履行，能否获得支持？

核心提示

诉讼时效期间届满，债务人向债权人作出同意履行义务的意思表示或者自愿履行义务后，又以诉讼时效期间届满为由进行抗辩的，人民法院不予支持。

案情介绍

2005 年 8 月 26 日，村里的木匠王某因准备开家具店，便向同村的李某借款 2 万元，借条约定借款时间为 1 年。2007 年夏天，李某被在外地的子女接走，一年之后才回到村里。之后李某想起王某欠款一事，便于 2008 年 10 月 1 日向王某催还借款。王某当即表示一周之内还款。不料，一周之后李某再次找到王某时，王某却表示不愿意还款。10 月 27 日，李某将王某告上法院。

法庭上，李某拿出借条时，王某表示借条确实是其借款时所出具。但王某同时表示，李某的债权应于 2006 年 8 月 26 日到期，现早已超过二年的诉讼时效期间，因此拒绝偿还借款。至于 2008 年 10 月 1 日李某向王某催还借款时其同意还款，是因为自己当时不记得还款期限。

答疑解惑

本案争议的焦点在于：诉讼时效期间届满，王某根据法律规定是享有拒绝履行债务的权利，即诉讼时效抗辩权，但是王某在诉讼时效期间届满后李某向其催要欠款时，又曾经表示一周之内还款，能否认为是对自己享有诉讼时效抗辩权的放弃？因为根据前面案例所提到的，这种抗辩权属于民事权利自治范畴，当事人可以自由处分，既可以行使，也可以放弃。

放弃诉讼时效抗辩权，是指诉讼时效期间届满，义务人意思表示自己愿意履行诉讼时效期间届满的义务，而不行使诉讼时效抗辩权。放弃诉讼时效抗辩权应当符合以下条件：(1)放弃权利的主体须享有诉讼时效抗辩权。实践中经常出现无权主体作出放弃诉讼时效利益的意思表示，这种情况当然不发生放弃诉讼时效抗辩权的法律后果。例如，单位的收发室人员、业务人员在未得到授权的情况下在催款通知上签字，该行为只能认为单位收到文书，而不能认为放弃诉讼时效利益。又如，债务人的亲戚朋友未经债务人同意向债权人表示债务人愿意履行过期债务。(2)放弃诉讼时效抗辩权的意思表示应向权利人作出。因为合同具有相对性，意思表示也应当向相对人作出。例如，债务人在和朋友聊天时，出于面子等原因向朋友表示欠债权人的钱会还，并没有向债权人表示，也不能认为是放弃诉讼时效抗辩权。需要注意的是，只要债务人作出放弃诉讼时效抗辩的意思表示，无须债权人表示同意，也无须债务人实际履行诉讼时效期间已过的义务，就可以发生放弃诉讼时效利益的法律后果。(3)债务人须有放弃诉讼时效抗辩权的内心意思表示。实践中通常存在“承认债务存在”和“同意履行债务”这两种不同意思的混淆。认定债务人放弃诉讼时效抗辩权，必须是债务人同意履行诉讼时效期间已过的债务，如果仅仅是承认，并不能表明其愿意履行该债务。(4)放弃诉讼时效抗辩权的意思表示有明示或者默示两种方式。明示方式是指以口头、书面、当事人了解的某种方式或其他社会公众通用的方式进行表达或者表示的方式，他人通过该表示方式可直接了解表意人的意思表示。默示方式是指并非社会常用的表达方法，他人需要根据具体情况才能推知的情形。一般来说，认定债务人放弃诉讼时效抗辩权的情况有：债务人全部或部分履行诉讼时效期间已过的债务、请求延期履行、提供担保、债权抵销等。而默示方式只有在法律直接规定或当事人事先约定的情况下才予以认定。

放弃诉讼时效抗辩权的法律后果是:债务人不能再以超过诉讼时效期间为由行使诉讼时效抗辩权,从而不能取得拒绝履行义务的权利。诉讼时效期间从义务人放弃诉讼时效抗辩权之日重新计算。

与放弃诉讼时效抗辩权类似的一种情况是:义务人自愿履行,即无论债务人是否知道诉讼时效期间已过的事实,只要其出于自愿并履行了诉讼时效期间已过的债务,就应当认定该履行行为有效,债务人不得以自愿履行的债务已超过诉讼时效期间为由主张撤销其自愿履行的行为。

法院最后认为,本案中王某于 2005 年 8 月 26 日向李某借款 2 万元,借款期限 1 年,根据一般诉讼时效二年的原则,至 2008 年 8 月 26 日李某的诉讼时效届满。但李某于 2008 年 10 月 1 日向王某催促还款时,王某口头声明其愿意还款,应认定为王某对诉讼时效抗辩权的放弃。因而,王某事后又以诉讼时效期间届满为由进行抗辩,法院不予支持。

法律链接

《中华人民共和国民法通则》

第一百三十八条　超过诉讼时效期间,当事人自愿履行的,不受诉讼时效限制。

《最高人民法院关于贯彻执行〈中华人民共和国民法通则〉若干问题的意见(试行)》

171. 过了诉讼时效期间,义务人履行义务后,又以超过诉讼时效为由翻悔的,不予支持。

《最高人民法院关于审理民事案件适用诉讼时效制度若干问题的规定》

第二十二条　诉讼时效期间届满,当事人一方向对方当事人作出同意履行义务的意思表示或者自愿履行义务后,又以诉讼时效期间届满为由进行抗辩的，人民法院不予支持。

57. 主债务诉讼时效期间届满，保证人是否有还款义务？

核心提示

主债务诉讼时效期间届满，保证人享有主债务人的诉讼时效抗辩权，如未主张而承担保证责任的，无权向主债务人追偿。

案情介绍

2005 年 5 月 1 日，张三因经营花圃生意向李四借款 5 万元，约定借款期限为 1 年，并由王五作为保证人。2008 年 12 月 31 日，李四向张三催还借款，张三表示现在资金积压严重，的确不能还款，并认为王五现在生意经营顺利，还款不成问题，建议李四先向王五催款。当李四向王五要求承担保证责任后，王五很干脆地向李四支付 5 万元本金，并向李四索要了收条。事后王五要求张三偿还其代为支付的 5 万元，却遭到张三的拒绝。于是王五向法院提起诉讼，要求判决张三偿还其代为支付的 5 万元。

法庭上，张三辩称，其向李四的借款已超过诉讼时效，自己和王五均无须承担还款义务。现王五在未经其同意的情况下还款，理应由王五自己承担，不同意偿还王五代为支付的 5 万元。

答疑解惑

本案争议的焦点是：主债务诉讼时效期间届满，保证人是否有还款义务？如果承担还款责任后，能否向主债务人追偿？

正如前面案例讲到的，保证期间与诉讼时效期间是不同的概念。保证期间，即保证人承担保证责任的期间，是根据当事人约定或者法律规定，债权人应向债务人（在一般保证情况下）或者保证人（在连带保证情况下）主张权利的期间。债权人没有在此期间内主张权利，则保证人不再承担责任。因此，保证人只在保证期间内承担责任，其还款义务与主债务诉讼时效期间是否届满并无直接关系。同时，由于保证人为从债务人而非主债务人，最终的债务主体是主债务人而非保证人，法律赋予保证人享有主债务人的抗辩权。特别是在当事人约定的保证责任期间比主债务诉讼时效期间长，在主债务诉讼时效期间届满后而保证期间尚未届满的情况下，如果主债务人放弃对债务的抗辩权，保证人仍有权抗辩，即在保证人主张主债务人诉讼时效抗辩权的情形下，无须承担保证责任。

而保证人承担保证责任后，具有向主债务人追偿的权利。我国《民法通则》第 89 条第 1 项规定："保证人履行债务后，有权向债务人追偿。"《担保法》第 31 条也规定："保证人承担保证责任后，有权向债务人追偿。"但是保证人行使追偿权应符合以下条件：(1)保证人向债权人承担了保证责任；(2)因保证人承担了保证责任而使主债务人免责；(3)保证人承担保证责任过程没有过错。因此，如果主债权人向保证人主张保证责任时，保证人负有审查其担保的债权是否已经超过诉讼时效期间的义务，如果主债务诉讼时效期间已经届满，保证人在享有主债务人诉讼时效抗辩权的情况下疏于行使，这时保证人存在过错，其"额外"承担的还款义务则不能向主债务人主张。

本案中，张三于 2005 年 5 月 1 日向李四借款 5 万元，借款期限为 1 年。因此，李四主张债权的诉讼时效于 2008 年 5 月 1 日届满。而王五作为保证人，由于双方未约定保证期限，在该情形下，保证期间为主债务履行届满之日起 6 个月，即至 2006 年 11 月 1 日。由于至 2006 年 11 月 1 日，债权人李四从未向张三或王五主张权利，之后保证人王五即不用承担连带保证责任。而至 2008 年 12 月 31 日李四向张三催还借款时，张三和李四的债务诉讼时效也已届满，李四催要借款未果后向保证人王五主张，王五也享有诉讼时效抗辩权，可以不予偿还李四的5万元借款。王五虽然出于“善良”的本意向李四支付了主债务的价款，属于道德上提倡的“诚实信用”，但同时也是疏于行使自己的诉讼时效抗辩权，此外也违背了张三的意愿，如果向张三追偿客观上也损害了张三的利益，因此最终法院驳回王五的诉讼请求。

法律链接

《中华人民共和国民法通则》

第八十九条　依照法律的规定或者按照当事人的约定，可以采用下列方式担保债务的履行：

（一）保证人向债权人保证债务人履行债务，债务人不履行债务的，按照约定由保证人履行或者承担连带责任；保证人履行债务后，有权向债务人追偿。

《中华人民共和国担保法》

第二十条　一般保证和连带责任保证的保证人享有债务人的抗辩权。债务人放弃对债务的抗辩权的，保证人仍有权抗辩。

第三十一条　保证人承担保证责任后，有权向债务人追偿。

《最高人民法院关于审理民事案件适用诉讼时效制度若干问题的规定》

第二十一条　主债务诉讼时效期间届满，保证人享有主债务人的诉讼时效抗辩权。

保证人未主张前述诉讼时效抗辩权，承担保证责任后向主债务人行使追偿权的，人民法院不予支持，但主债务人同意给付的情形除外。

58. 相邻关系纠纷是否适用诉讼时效？

核心提示

相邻纠纷中的排除妨碍、停止侵害、消除危险等权利不属于一般的请求权。它是基于物权产生出来的排他的权利，这种排他性（排除他人非法干涉）是受法律永久保护的，不受诉讼时效限制。

案情介绍

1981 年曾甲的父母在某县九峰镇白马村二组的宅基地上建造一幢房屋。1983 年曾甲因故意伤害、流氓罪被数罪并罚，判处有期徒刑 20 年。1999 年 5 月，因在监狱改造期间表现良好，几次获得判刑机会，提前释放。2000 年曾甲取得土地使用权。曾乙的房屋是他于 1994 年 6 月 4 日向福坑村二组购买旧村址后于 1995 年改建而成，在曾甲房屋与旧村址间原有条通道，曾乙改建旧村址时在此依靠曾甲房屋该侧山墙搭建一间厨房，造成曾甲房屋该侧不能排水，并依曾甲该侧山墙穿过曾甲瓦片房顶放置烟囱。1998 年 6 月，曾乙在曾甲房屋右侧门口埕上的猪舍边、距曾甲房屋4.66米处搭建猪舍一间（现放杂物）。2006 年 5 月，因连续几天暴雨，曾乙房屋的滴水大量涌入曾甲房屋，曾甲实在无法忍受，找村委会要求解决。村委会调解未果后，又找镇司法所要求解决。司法所干警多次主持调解，但因双方各持己见，也调解不成。2007 年 8 月，曾甲起诉至法院，要求法院判令曾乙拆除厨房、烟囱和猪舍，恢复房屋左侧排水沟和通道原状，排除妨碍。

曾乙在庭审中辩称，他搭建的猪舍未占用曾甲的土地，也没有妨碍曾甲住房的通风采光，厨房是曾乙经曾甲母亲同意于 1995 年建的，且曾甲的诉讼请求已超过诉讼时效，要求驳回曾甲的诉讼请求。

法院认为，不动产的相邻各方，应当按照有利生产、方便生活、团结互助、公平合理的精神，正确处理截水、排水、通行、通风、采光等方面的相邻关系。给相邻方造成妨碍或者损失的，应当停止侵害，排除妨碍，赔偿损失。而曾乙在与曾甲房屋之间的通道上依靠曾甲房屋搭建厨房，造成曾甲房屋该侧不能排水，威胁了曾甲房屋安全；同时曾乙在厨房中穿过曾甲房顶放置烟囱，影响了曾甲房屋的排水使用，应当予以拆除恢复原状。曾甲的请求证据充分，予以支持。曾乙认为曾甲要求拆除厨房的诉讼请求超过诉讼时效的问题，因曾乙的妨碍状态持续存在，曾甲在一段时间内容忍曾乙妨碍行为的存在，是互谅互让的体现，现曾甲要求曾乙拆除厨房的诉讼请求，曾乙的妨碍状态仍持续存在，并未超过诉讼时效，曾乙的辩称缺乏依据，不予支持。曾甲要求曾乙拆除猪舍，因曾乙搭建的猪舍，与曾甲房屋尚有一定距离，不致严重影响曾乙的通行及生产、生活，曾甲要求曾乙拆除猪舍的诉讼请求不符合规定，不予支持，遂判决曾乙应在本判决生效后 60 日内拆除址在九峰镇白马村二组曾乙与曾甲房屋之间的厨房及烟囱，恢复通道和曾甲房屋房顶原状；驳回曾甲的其他诉讼请求。

答疑解惑

本案是相邻关系纠纷，相邻关系是指相互毗邻的不动产的所有人或使用人因对不动产行使所有权或者使用权而发生的权利义务关系。相邻人享有的要求他方给予方便的权利又称相邻权。相邻关系纠纷通常包括因排水（滴水）、通行、通风、采光、污染（例如噪声、震动、气体、热能等污染）原因产生的纠纷。在日常生活中，彼此相邻的各方在相处中都有要求对方给予方便的权利，同时也负有尊重对方权益、克制自己不合理需求的义务。例如，安装及使用空调时应当保持合理间距、正确选择安装位置、选择适当的功率、保持设备良好状态、处理好冷凝水排放，以免给相邻方造成热辐射污染、噪声污染、滴水困扰。再如，在使用音响设备时音量调节应当适宜、使用时间应当恰当，避免给相邻方造成噪声、震动干扰，等等。当自己的相邻权遭受侵犯时，依据我国《民法通则》规定，有权要求侵害方停止侵害、排除妨碍、消除危险、恢复原状、赔偿损失等。

但是，本案争议的焦点不是曾乙是否侵权，而是相邻关系纠纷是否适用诉讼时效的问题。我国《民法通则》规定的一般诉讼时效是二年，诉讼时效期间从知道或者应当知道权利被侵害时起计算。那么，相邻纠纷的权利人是不是也必须在二年内行使自己的权利，否则就得不到法律保护呢？

这其实涉及物上请求权应否适用诉讼时效的问题。对此，我国《民法通则》等现行法律并没有明确的规定，在民法学界至今仍有争论，目前主要有三种观点。第一种观点认为物上请求权不适用诉讼时效，主要理由有二：(1)物上请求权与物权不可分离，与物权同命运，既然物权不适用诉讼时效，因此产生的请求权也当然不适用诉讼时效；(2)鉴于物上请求权通常是一种连续性的侵害行为，因此难以确定诉讼时效的起算点。第二种观点认为对于物上请求权的诉讼时效要有选择的适用，即仅针对返还财产请求权、恢复原状请求权适用，其余则不适用。第三种观点认为已登记的不动产物权所产生的物上请求权不宜适用诉讼时效，其余则适用。

一般认为，第二种观点比较符合实际，具有合理性。根据传统民法理论诉讼时效制度一般理解应当适用于请求权。而相邻纠纷中的排除妨碍、停止侵害、消除危险等权利不属于一般的请求权。它是基于物权产生出来的排他的权利，我们一般称之为物上请求权，这种排他性（排除他人非法干涉）是受法律永久保护的，没有时间上的限制。况且，我们中国有句老话说“远亲不如近邻”，居民之间也比较看重邻里关系。在生活中，对于一方已经存在并将继续的妨碍或造成的不便往往作出某些忍让。例如，一定期间内默认邻居占用通道，忍受邻人的空调热气等。我们应当本着支持与鼓励的态度，通过协商、调解去解决问题消除矛盾，而不必用时效制度催促相邻方提起诉讼，从而恶化邻里关系。事实上，有些地方的法院在司法实践中就是这样操作的。本案就是一个例证。本案被告曾乙在1995年间违章搭建一间厨房，造成原告曾甲房屋该侧不能排水，而且又在该侧山墙穿过曾甲瓦片房顶放置烟囱，威胁了曾甲房屋安全，影响了曾甲房屋的排水使用，应当予以拆除，恢复原状。但曾甲在接受监狱改造后，选择了容忍的态度。2007年8月，曾甲在生活极其的不便、多次找村委会、司法所调解未果的情况，才起诉法院。法院考虑到被告侵害事实一直处于持续状态，已对相邻权人的人身安全构成潜在威胁，故原告的起诉不适用诉讼时效，就依法作出以上判决。

值得注意的是，在相邻纠纷中要求对方赔偿损失的权利是否受时效限制，应区别不同请求权而定。从相邻权行使与秩序、效率、公平、安全价值关系加以考量，对于恢复原状、赔偿损失请求权应当适用诉讼时效，而对于停止侵害、排除妨碍、消除危险请求权不应适用诉讼时效。也就是说在相邻纠纷中我们可以随时对非法侵害行为本身行使权利，要求其停止，但这种侵害所带来的损失本身我们只能在诉讼时效期间内行使求偿权。这是因为民法通则规定，对于侵犯自己的权益造成损失、要求对方赔偿的权利，以及侵害方对应负有赔偿的义务，属于侵权之债。侵权之债中的求偿权属于典型的请求权，适用诉讼时效制度。

法律链接

《中华人民共和国民法通则》

第八十三条　不动产的相邻各方，应当按照有利生产、方便生活、团结互助、公平合理的精神，正确处理截水、排水、通行、通风、采光等方面的相邻关系。给相邻方造成妨碍或者损失的，应当停止侵害，排除妨碍，赔偿损失。

六、合伙债务

59. 未经结算的合伙纠纷该如何处理？

核心提示

未经结算的合伙，退伙后，因掌握账本的合伙人拒不提供或无法提供合伙期间的经营状况的，如果合伙人要求其他合伙人返还投资款，可予以支持。

案情介绍

2006年10月，陈某与吴某合伙在某县城文化广场建设银行旁边开设“青春美容美发店”。双方口头约定，陈某出资40%，吴某出资60%，利润亦按出资比例分配。内部分工为吴某负责财务及全面管理，陈某负责技术及后勤工作。2006年11月13日和19日陈某先后交给吴某合伙投资款6000元及5000元，合计11000元。“青春美容美发店”于同12月25日正式开张营业。经营初期的业务收入，由业务员收取并于每天结算后交给吴某，吴某则在业务员的记账本上签名确认。由于双方未签订书面合同，吴某未及时核算报告营业收支状况等，使陈某产生疑虑，导致陈某与吴某产生矛盾。2007年4月28日，陈某便离开店里，退出合伙。2007年6月12日，陈某向法院起诉，要求吴某返还合伙期间投资款11000元。

在法院审理的过程中，为查明案件事实，法院于 2008 年 4 月 7 日向吴某发出举证通知书，限期提交合伙期间的收、支账单（册）等相关证据材料。举证期限逾期后，吴某向法庭提交了其主张的合伙账本共 69 页（系一本新的笔记本，没有经多次使用翻阅的陈旧痕迹），称“青春美容美发店”已经亏损 12000 元。经证据交换，陈某认为该账本是假的，其理由主要为原账本没那么新，应有吴某收取业务员交纳营业收入后的签名，而该账本没有吴某的签名等。庭审结束后，陈某表示投资款可减少 20%，即由吴某退回 80%，并放弃分配利润请求。

法院经审理认为，吴某虽主张合伙亏损，但不仅未能举证加以证明，而且也不能说出亏损的大概情况等，作为合伙期间的财务和全面管理人员，不符合常理。吴某逾期提交的笔记本式的“账本”，陈某辨认后予以否认，而且从直观上该“账本”系新填写而成，没有经反复使用翻阅的陈旧痕迹，也没有其他第三人的签名等佐证。因此，对吴某提交的这本笔记本式的“账本”，不予采信。吴某未交出合伙期间的原始账本以便核算盈亏情况，因此产生的法律后果由其自行承担。吴某承认自己持有合伙账本，但未将其交出核算，依照《最高人民法院关于民事诉讼证据的若干规定》第 75 条的规定，可推定双方合伙经营“青春美容美发”店期间具有盈利。在双方无法再共同合伙经营的情况下，陈某自愿减少 20%，而要求按 80%的比例退回投资款，并放弃盈利分配请求，应予准许。陈某与吴某合伙期间未签订书面合同，管理不规范，双方均具有过错，其中吴某负有主要责任。陈某在未经协商一致的情况下离店退伙，也有不当之处。据此，法院判决吴某退回陈某合伙投资款 8800 元（11000 元×80%），于判决生效后 3 日内付清。

答疑解惑

本案争议的焦点是：在合伙期间营利或亏损情况无法查清的情况下，该如何处理合伙人之间的财产或营利等纠纷？按照法律规定，个人合伙是指两个以上公民按照协议，各自提供资金、实物、技术等，合伙经营、共同劳动。目前，个人合伙在社会经济生活中是比较普遍的经营方式，大量的个体私营经营户都是以这种方式筹集资金，集零散资金为整体经营，可以说它是个体经济的重要组成部分。个人合伙的一个最大特点在于订立书面合伙协议，就各合伙人对出资数额、盈余分配、债务承担、入伙、退伙、合伙终止等事项，作出约定。而有的合伙人之间没有书面合伙协议，又未经工商行政管理部门核准登记，但具备合伙的其他条件，又有两个以上无利害关系人证明有口头合伙协议的，人民法院也可以认定为合伙关系。

本案合伙人之间没有签订书面合伙协议，发生纠纷后又没有结算，但经过庭审，根据双方提供的证据及陈述，对于吴某与陈某合伙经营美容美发店及陈某已投资 11000 元的事实清楚，双方并无争议，法院也予以确认。根据合伙时的口头约定，吴某负责合伙体的财务及全面管理，陈某负责技术。据该约定，合伙期间，吴某有义务及时核算营业收支情况并将结果告知陈某，但吴某未按约定履行上述义务，导致引发双方的矛盾，并致陈某离开合伙体，吴某的行为侵犯了陈某的知情权及监督权，且吴某作为合伙体负责财务并管理全面事务的合伙人，未能提供客观真实的财务收支凭证，使得无法认定 2007 年 4 月 28 日前的合伙体的盈亏情况，故法院根据所查明的事实并在陈某放弃部分诉讼请求的情况下，依法作出由吴某返还投资款 7700 元给陈某的处理并无不当。对于双方合伙期间是否存在亏损的问题，吴某可同过合伙清算的方式另行主张权利。

在司法实践中，合伙清算的形式可能由全体合伙人参加清算，也可以根据合伙期间的账目，委托有资质的会计事务所进行会计鉴定。如果对鉴定结论有异议，还可以申请重新鉴定。法院可以根据根据会计鉴定结论，依法作出判决。如果无法对合伙期间的债权债务及合伙财产问题全部查清的，也可以在查清部分合伙财产的情况下作出判决，对于双方合伙期间的其他财产纠纷，双方可以通过清算或其他方式另行解决，不予一并审理。

法律链接

《中华人民共和国民法通则》

第三十二条　合伙人投入的财产，由合伙人统一管理和使用。

合伙经营积累的财产，归合伙人共有。

第三十四条　个人合伙的经营活动，由合伙人共同决定，合伙人有执行和监督的权利。

合伙人可以推举负责人。合伙负责人和其他人员的经营活动，由全体合伙人承担民事责任。

《最高人民法院关于贯彻执行〈中华人民共和国民法通则〉若干问题的意见(试行)》

54. 合伙人退伙时分割的合伙财产，应当包括合伙时投入的财产和合伙期间积累的财产，以及合伙期间的债权和债务。入伙的原物退伙时原则上应予退还；一次清退有困难的，可以分批分期清退；退还原物确有困难的，可以折价处理。

60. 合伙人对合伙债务应承担何种清偿责任？

核心提示

起字号的合伙，应先由合伙体承担合伙债务。不足部分，由全体合伙人对外应当承担连带清偿责任。

案情介绍

2008 年年初，赵甲与赵乙经协商决定共同投资合伙开办纸箱加工厂。2008 年 2 月 23 日，赵甲与赵乙签订协议，以每月 6800 元的价格租赁赵乙位于城郊的一座简易房进行生产经营，期限为两年，自 2008 年 2 月 23 日至 2010 年 2 月 23 日。双方口头约定投资对半，平均分红。2009 年 3 月 9 日，双方共同投资经营的“新兴纸箱厂”开业。2008 年 4 月 13 日，某市工商局某分局为双方共同合伙经营的纸箱厂即“新兴纸箱厂”发放了个体工商户营业执照，载明经营者为赵乙。2009 年 1 月 21 日，为扩大生产，由赵乙出具借条，向林某借款 10 万元，约定月利率 1.5%，期限 10 个月，借条上还盖了“新兴纸箱厂”的印章。2009 年 8 月，因纸箱厂电路出现问题，引起火灾，纸箱厂内一些重要财产均被烧毁，纸箱厂停业。林某知道后，即向赵乙与赵甲二人催讨欠款。但赵乙与赵甲以纸箱厂已经倒闭，无任何财产，且该债务尚未确定由谁承担，而拒不偿还。2009 年 10 月 19 日，林某向法院提起诉讼，要求新兴纸箱厂、赵乙和赵甲归还借款 10 万元及利息。2009 年 12 月 3 日，法院在查清事实的基础上，判决新兴纸箱厂应归还林某借款 10 万元及利息（自 2009 年 1 月 21 日起，按月利率 1.5%计算）；赵乙和赵甲对上述债务的不足部分承担连带清偿责任。

答疑解惑

本案争议的焦点有两个：一是合伙债务诉讼中的诉讼主体问题；二是合伙人该如何承担合伙债务。

（一）合伙债务诉讼中的诉讼主体问题

合伙债务是指在合伙关系存续期间，以合伙的名义与第三人发生民事权利与义务关系时所形成的债务。因为合伙债务的产生基础分为基于合伙合同（个人合伙活动）产生和基于合伙企业经营活动产生两类，所以合伙债务诉讼的诉讼主体须视合伙债务产生基础而定。

1. 合伙债务基于合伙合同产生的诉讼主体。公民合伙在许多场合，可能并不成立合伙组织实体或设立合伙企业，仅基于合伙协议对外进行某项民商事活动。当产生合伙债权债务时，因没有存在合伙企业或合伙组织形态的经济实体，只能以全体合伙人为诉讼主体，进行应诉或起诉。此时，个人合伙的全体合伙人在诉讼中为共同诉讼人。当合伙人人数众多时，全体合伙人可以推选出诉讼代表人进行诉讼。如果合伙内部因利益分配、债务承担、退伙等发生纠纷，诉至法院，应将起诉的一方或多方作为原告或共同原告，其余的合伙人作为共同被告进行诉讼。

2.合伙债务基于合伙企业经营活动产生的诉讼主体。合伙企业分为纯正合伙企业和合伙型联营企业。合伙企业的法律性质是不具备法人资格的经济组织。根据《最高人民法院关于贯彻执行〈中华人民共和国民法通则〉若干问题的意见(试行)》第45条的规定，起字号的合伙，在民事诉讼中，应当以依法核准登记的字号为诉讼当事人，并由合伙负责人为诉讼代表人。民事诉讼法进一步规定合伙企业为其他组织，可以作为民事诉讼的当事人，由合伙企业的负责人进行诉讼。因此，债权人可以直接以合伙企业为被告提起诉讼，合伙企业亦可以以自己名义进行应诉或起诉。

但是在司法实践中，债权人最关心的是其债权的实现，其对合伙企业的清偿债务的能力也比较清楚，因此，债权人在起诉合伙企业的同时，也将合伙人列为被告，要求合伙企业和合伙人承担债务。本案就是属于这种类型。对此，有一种观点认为，合伙人对合伙企业承担无限连带责任，债权人可以不必起诉合伙企业，而直接对合伙人提起诉讼，请求清偿合伙债务。这种观点不太正确，因为合伙债务是基于合伙企业产生，在合伙企业尚没有注销解散的情况下，债权人不能直接起诉合伙人，应直接起诉合伙企业或者同时起诉合伙企业与合伙人。法院受理案件后，发现债权人直接起诉合伙人的，应告诉债权人起诉合伙企业，或依职权追加合伙企业为共同被告参加诉讼。本案原告林某在多次向赵乙、赵甲催讨未果的情况下，向法院提起诉讼，可以要求新兴纸箱厂、赵乙和赵甲归还借款10万元及利息。

(二)合伙人该如何承担合伙债务

合伙企业或合伙组织是不具备法人资格的经济实体，依法不能独立对外承担民事责任,全体合伙人一般应对合伙债务承担无限连带责任。对于合伙人对外如何承担无限连带清偿责任,可以从三方面理解:(1)合伙人对合伙债务负无限清偿责任。根据我国法律的有关规定,合伙债务由合伙人以各自的财产承担清偿责任,合伙型联营的债务由联营各方以各自所有的或者经营管理的财产承担责任。合伙企业财产不足清偿到期债务的,各合伙人应当承担无限清偿责任,用其在合伙企业出资以外的财产承担清偿责任。无论是个人合伙还是法人合伙,合伙人都应以自己的全部财产承担合伙债务的清偿责任。(2)合伙人对合伙债务负连带清偿责任。根据《合伙企业法》的规定,合伙人对合伙债务应当承担无限连带清偿责任;入伙的新合伙人对入伙前的债务承担连带责任;合伙企业解散后,合伙人对合伙债务仍负连带责任。合伙人之所以承担连带责任,基于合伙财产的共有性质及合伙人对第三人的共同行为产生,除法律另有规定外,合伙人对合伙债务承担连带责任是不以当事人之间有无约定或有无相反约定为转移的法定责任。(3)合伙人对合伙债务承担的是补充清偿责任。民法通则没有对合伙财产和合伙人财产清偿合伙债务的顺序作出规定。最高人民法院针对合伙型联营企业规定"可先以联营体的财产清偿联营债务"。《合伙企业法》规定:合伙企业对其债务,应先以其全部财产进行清偿,合伙企业财产不足清偿到期债务的,合伙人应当承担无限连带清偿责任。据此,合伙人对合伙企业债务承担的不是直接清偿责任,而是一种补充清偿责任,即在穷尽合伙企业财产后仍不足以清偿合伙债务后方以合伙人其他财产承担连带清偿责任。

本案新兴纸箱厂由赵甲和赵乙合伙经营,并且办理了工商登记,属于有起字号的合伙。因此,林某以新兴纸箱厂为被告是符合法律规定的。但林某在起诉新兴纸箱厂的同时,也将赵乙和赵甲列为被告,要求赵乙和赵甲共同偿还债务,这当然是基于保全债权顺利实现的需要。因为新兴纸箱厂的重要财产已经严重毁损,这将造成林某的债权可能无法实现,而合伙的本质是共担风险,共负盈亏,该笔债务的最终还需要由合伙人承担无限清偿责任，为便于群众诉讼，也便于纠纷一次性解决，林某既起诉新兴纸箱厂，也起诉赵乙和赵甲，也是符合法律规定的。同时，由于全体合伙人应对合伙债务承担无限连带责任，因此法院在查清事实的基础上，判决该10万元债务由新兴纸箱厂作为第一责任人负责偿还，由赵乙和赵甲对上述债务的不足部分承担连带清偿责任，是符合法律规定的。

法律链接

《中华人民共和国民法通则》

第三十四条　个人合伙的经营活动，由合伙人共同决定，合伙人有执行和监督的权利。

合伙人可以推举负责人。合伙负责人和其他人员的经营活动，由全体合伙人承担民事责任。

《中华人民共和国合伙企业法》

第三十八条　合伙企业对其债务，应先以其全部财产进行清偿。

第三十九条　合伙企业不能清偿到期债务的，合伙人承担无限连带责任。

《最高人民法院关于贯彻执行〈中华人民共和国民法通则〉若干问题的意见（试行）》

47.全体合伙人对合伙经营的亏损额，对外应当负连带责任；对内则应按照协议约定的债务承担比例或者出资比例分担；协议未规定债务承担比例或者出资比例的，可以按照约定的或者实际的盈余分配比例承担。但是对造成合伙经营亏损有过错的合伙人，应当根据其过错程度相应的多承担责任。

61. 合伙人内部该如何分担债务？

核心提示

合伙人由于承担连带责任，所清偿数额超过其应承担的数额时，有权向其他合伙人追偿。其所清偿数额可视为合伙体债务，依照合伙协议约定的比例分配和分担；合伙协议未约定利润分配和亏损分担比例的，由各合伙人平均分配和分担。

案情介绍

2005年10月10日，李某、陈某、张某三人签订投资办厂协议书。协议书主要内容：(1)李某、陈某、张某三人共同投资协力兴办生猪养殖场，共投资70万元，其中李某出资30万元、陈某、张某各出资20万元，中途若有人退出，所投资金暂不退还，待资金宽余时方退还。(2)养殖场经营期间获取的利润或亏损，由李某享有50%、陈某享有25%、张某享有25%。

2008年11月间，因生猪遭遇市场冲击而亏损，有一笔121660元的饲料款无法按时偿还，陈甲起诉法院，要求李某、陈某、张某偿还饲料款。2009年1月，法院判决李某、陈某、张某共同偿还陈甲饲料款121660元。在执行过程中，法院依法执行了合伙人陈某个人银行账户中的现金计121660元。由于陈某所清偿数额超过了自己应承担的数额，因此向其他两名合伙人追偿，三名合伙人在确定内部之间应承担的债务比例时发生争执。陈某、张某认为应按照《合伙协议》约定的利润和亏损享有比例来确定三人之间的债务承担比例；而李某却认为应该按照《合伙协议》约定的出资比例来确定三人之间的债务承担比例。因难以达成一致意见，陈某即向法院提起诉讼，要求人民法院依法判决。

法院经审理认为，合伙的债务，由合伙人按照出资比例或者协议的约定，以各自的财产承担清偿责任。本案陈某在法院执行过程中，承担了合伙体的全部共同债务，有权向其他合伙人追偿。根据合伙协议的约定，养殖场经营期间获取的利润或亏损，由李某享有50%、陈某享有25%，张某享有25%。合伙期间所欠的饲料款属于合伙期间的亏损，故应按照约定，亏损款121660元可由李某承担50%、陈某承担25%，张某承担25%的份额予以分担。遂依法判决李某应偿还陈某人民币60830元，张某应偿还陈某30415元。

答疑解惑

本案争议的焦点是：在合伙与出资比例、利润分配比例与债务分担比例不一致的情况下，对于合伙期间的对外债务，合伙体内部该如何分担的问题。对此，主要有三种不同的意见：(一)应按照出资比例决定合伙人内部债务分担数额。根据《民法通则》第35条第1款的规定："合伙的债务，由合伙人按照出资比例或者协议的约定，以各自的财产承担清偿责任。"以及《最高人民法院关于贯彻执行〈中华人民共和国民法通则〉若干问题的意见》第47条的规定："全体合伙人对合伙经营的亏损，对外应当负连带责任；对内则应按照协议约定的债务承担比例或者出资比例分担；协议未规定债务承担比例或者出资比例的，可以按照约定的或者实际的盈余分配比例承担。"因《合伙协议》明确约定了三人的出资比例，而没有明确约定三人之间的债务承担办法及其比例，故应按照出资比例确定其债务承担数额。（二）应按照平均分担原则决定合伙人内部债务分担数额。合伙的主要特点是共担风险，共负盈亏，故只有平均分担合伙体债务，才能体现合伙人之间相互承担连带责任的原则。否则，连带责任就是建立在合伙人内部之间的不公平责任基础上的，有违法律的公平和正义。（三）

应按照利润或亏损分担比例决定内部债务分担数额。其理由是:(1)《合伙企业法》第40条规定:以合伙企业财产清偿合伙债务时,其不足的部分,由各合伙人按照合伙协议约定的利润分配和亏损分担比例,用其在合伙企业出资以外的财产承担清偿责任;合伙协议未约定利润分配和亏损分担比例的,则由合伙人平均分配和分担。(2)按照利润分配比例和约定的亏损分担比例分担合伙债务,更符合法律的公平和正义,体现了合伙人之间"责、权、利"的对等原则。(3)养殖场是"人合"型的合伙组织,而不是"资合"型组织,不宜过分强调注册资本的作用,更不能以出资多少作为分担债务责任的依据,否则,如果合伙人的出资多少与利润分配不成正比时,将会严重挫伤出资较多的合伙人的积极性。(4)合伙协议确定的亏损分担比例,实际上就包含了各合伙人的债务承担比例,因为债务也是养殖场亏损的一个重要因素,因此,按照利润分配和亏损分担比例确定债务承担比例,更能体现合伙人之间内部债务承担上的"意思自治"原则。

法院之所以采纳第三种观点,主要理由是:合伙人内部各自承担债务的比例,决定着各合伙人承担债务清偿责任的大小。因此,确定各合伙人的债务承担比例至关重要。根据《民法通则》第35条第1款的规定:"合伙的债务,由合伙人按照出资比例或者协议的约定,以各自的财产承担清偿责任。"可以看出,出资比例与合伙约定是两种并列的关系,根据当事人意思自治原则,当事人在不违反法律规定的前提下,合伙体对债务分担比例的约定应优于《民法通则》中关于按出资比例的规定。同时,《合伙企业法》第33条和第40条的规定,以合伙企业财产清偿合伙企业债务时,其不足的部分,由各合伙人按照合伙协议约定的利润分配和亏损分担比例,用其在合伙企业出资以外的财产承担清偿责任。合伙人由于承担连带责任,所清偿数额超过其应承担的数额时,有权向其他合伙人追偿。合伙企业的利润和亏损,由合伙人依照合伙协议约定的比例分配和分担;合伙协议未约定利润分配和亏损分担比例的,由各合伙人平均分配和分担。因此,对于合伙体债务的承担,合伙体的约定优于平均分担。只有在合伙协议没有约定债务分担比例的情况下，才适用平均分担原则。

应该说，出资多寡对合伙有着十分重要的意义，在合伙人未作出相反约定的情况下，出资多寡与损益分配是成正比关系的，出资多，收益便多，同时负担的债务也多，这正是权利义务相一致原则的具体体现。当然，不可否认，在特定的情况下，合伙人出资与损益不成正比关系，即合伙人出资多但损益分配少，但由于合伙人在合伙体中不仅仅是资金上的贡献，有的还有劳务、技术等方面的贡献，因此允许合伙人对合伙期间的出资、盈利、亏损等作出不成正比的约定。只是，这种不对等的比例必须得到全体合伙人的同意，否则这种约定不发生法律效力。

法律链接

《中华人民共和国民法通则》

第三十五条　合伙的债务，由合伙人按照出资比例或者协议的约定，以各自的财产承担清偿责任。

合伙人对合伙的债务承担连带责任，法律另有规定的除外。偿还合伙债务超过自己应当承担数额的合伙人，有权向其他合伙人追偿。

《合伙企业法》

第三十三条　合伙企业的利润分配、亏损分担，按照合伙协议的约定办理；合伙协议未约定或者约定不明确的，由合伙人协商决定；协商不成的，由合伙人按照实缴出资比例分配、分担；无法确定出资比例的，由合伙人平均分配、分担。

合伙协议不得约定将全部利润分配给部分合伙人或者由部分合伙人承担全部亏损。

第四十条　合伙人由于承担无限连带责任，清偿数额超过本法第三十三条第一款规定的其亏损分担比例的，有权向其他合伙人追偿。

62. 名为合伙，实为借贷该如何认定？

核心提示

明为合伙，实为借贷的合伙协议无效。合伙一方向合伙企业投资，但不参加共同经营，也不承担合伙的风险责任，不论盈亏均按期收回本息，或者按期收取固定利润的是明为合伙，实为借贷。

案情介绍

王某与刘某于 2007 年协商经营“华美酒店五层娱乐场”，2007 年 11 月 9 日，刘某与王某签订协议书一份，约定：(1)甲方(刘某)负责与华美酒店签订场所租赁合同；(2)乙方(王某)出资 120 万元成为华美酒店五层娱乐场所股东，占该场所 40%的股份；(3)甲方出资负责该场所的装修、租金、工资、酒水、税收及相关一切费用，占该场所 60%的股份；(4)甲方负责经营管理，乙方应积极配合甲方工作；(5)乙方在该娱乐场所经营期间不承担任何相关债权债务；(6)该场所开业后，甲方负责向乙方支付股份分红每月不低于 9 万元，每月 5 日前支付，如甲方未按期支付，需每天向乙方支付当月分红金额 5%的滞纳金。

协议签订后，王某分别于 2007 年 11 月 15 日、2007 年 11 月 26 日向刘某交付相关款项 50 万元和 70 万元。2007 年 12 月起至 2008 年 7 月，刘某共支付给王某 72 万元。2008 年 8 月起，因华美酒店附近又开了一家四星级酒店，华美酒店的生意越来越差，刘某也就无法按照原先的约定向王某支付股份分红款。在多次催讨未果的情况下，2008 年 11 月，王某向法院提起诉讼，要求刘某退还股份款 120 万元及按约定支付自 2008 年 8 月起、每月按 9 万元计算的股份分红款。

法院经审理认为，刘某与王某于 2007 年达成合伙协议，共同经营“华美大酒店五层娱乐场”，约定王某出资 120 万元，占 40%的股份，但又约定王某在经营期间不承担任何相关债权债务，每月取得分红不低于 9 万元，因此，双方虽名为合伙，实际上是借贷关系。2007 年 12 月起至 2008 年 4 月，刘某共支付给王某 72 万元，有双方提供的证据及双方陈述为据，可以认定。现王某要求退回股份款 120 万元，于法有据，可予支持，但要求按每月 9 万元支付股份分红款，超过同期银行贷款利率的 4 倍，超过部分不予保护。刘某共支付给王某 72 万元可先折抵归还利息，剩余部分再归还本金。经查 2007 年 11 月份中国人民银行 6 个月至 1 年期贷款年利率为 7.29%(换算月利率的 4 倍为 2.43%)。王某现主张每月按 9 万元支付“股份分红款”，超过上述银行同期贷款利率的 4 倍，故对超出部分不予支持。2007 年 11 月 9 日至 2008 年 7 月 8 日的利息合计是 120 万元×2.43%×8 个月＝233280 元。故刘某尚欠王某本金 1200000－(720000－233280)＝713280 元。故判决刘某应在判决生效之日起十日元归还给王某 713280 万元及利息(利息自 2008 年 7 月 9 日起，按月利率 2.43%计算)。

答疑解惑

本案争议的焦点是：刘某与王某之间的债权债务是合伙关系还是借贷关系？有一种观点认为，从双方签订的协议及形式上看，本案属于合伙纠纷，应按合伙清算纠纷处理。另一种观点认为，本案应定性为借贷关系，按银行借款利率 4 倍支持王某的诉讼请求。

法院采纳了第二种观点，主要理由是：(1)协议内容实质是王某仅享有利益而不负担风险，用约定规避了自己的经营风险，不承担合伙经营期间的任何相关债权债务。因此，在该《合伙协议》中，王某只有权利没有义务，不参与经营，规避了商业风险，不符合合伙的基本特征。(2)尊重当事人的意思自治的前提是内容必须合法。意思自治要求尊重当事人的选择，但意思自治并不是绝对的、任意的，而是相对的、有限制条件的，只在法律允许的范围内，才能发挥其作用。根据我国民法通则的规定，合伙人可以不参加经营，但必须承担经营风险，对合伙债务承担无限连带责任。故本案若定性为合伙，则当事人的意思自治违反了法律对合伙的实质规定，而若认为约定的内容有效，即本金 120 万元，每月固定分红 9 万元，换算成月利率为 7.5%，则又违背了借贷利率不得高于银行贷款利率 4 倍的规定。(3)本案当事人是明为合伙，实为借贷。参照最高人民法院法(经)函[1991]101 号《关于刘水清与钟山县钟潮塑料工艺制品厂之间是否构成联营关系的复函》的精神，本案王某既不参加经营，也不承担合伙的经营风险责任，不论盈亏均按期收回本金及分红，这种约定更符合借贷的法律性质，与合伙的实质相悖，应当认定为明为合伙，实为借贷。

本案当事人王某不承担风险、只享有固定分红的约定实际上已经违反了法律的有关规定，也不符合合伙的基本特征，因此不能认定为合伙关系，而应该结合约定内容的实质来认定合同的性质，适用司法解释关于明为合伙，实为借贷的规定，故此应将本案定为借贷法律关系。关于借贷的利率，因王某要求的利息超过了法律允许的范围，超过部分无效，故可按照最高标准，即银行同期借款利率的 4 倍计付利息。

法律链接

《中华人民共和国民法通则》

第三十条　个人合伙是指两个以上公民按照协议，各自提供资金、实物、技术等，合伙经营、共同劳动。

第三十四条　个人合伙的经营活动，由合伙人共同决定，合伙人有执行和监督的权利。

《最高人民法院经济审判庭关于刘水清与钟山县钟潮塑料工艺制品厂之间是否构成联营关系的复函》(1991 **年** 8 **月** 21 **日法(经)函**[1991]101 **号)**

广西壮族自治区高级人民法院：

你院法经请字(1991)第2号《关于梧州市对外经济贸易公司诉钟山县望高镇政府、刘水清等购销锡砂合同货款纠纷上诉一案的请示报告》收悉。经研究，答复如下：

钟山县望高乡矿产品购销经理部由刘水清个人承包后，与钟山县钟潮塑料厂签订了“联营协议”，约定双方各投资1.6万元，钟潮塑料厂只分享固定利润，不承担任何经济责任，经营活动，应上缴的税利，全部由经理部负责。协议虽然规定，有关经营情况经理部应定期向对方通报，但这不应视为钟潮塑料厂参与共同经营。况且，经理部并不具备法人资格，因而也不具有参与联营活动的权利能力和行为能力。所以经理部与钟潮塑料厂所签订的协议，是明为联营，实为借贷，违反了有关金融法规，应按无效借款合同处理。

七、不当得利

63. "意外捡到"的财物可以占为己有吗?

核心提示

没有法律上的根据,因他人遭受损失而自己获得利益的,在受益人和受害人之间形成不当得利之债。受益人负有返还他人利益的义务,"意外捡到"之物要物归原主。

案情介绍

张三和李四是某村的养殖户,张三养猪,李四养牛。张三的猪圈挨着李四的牛棚,中间只用栅栏隔着。有一天,张三家的一头母猪生了 9 头小猪崽。可是过了些天,张三发现小猪崽少了两只,便问李四有没有看到,李四对此矢口否认。之后,张三在和邻居王五聊天时得知,李四前两天在卖一头小牛崽时也卖了两头小猪崽。于是,张三再次找到李四,经再三质问,李四承认有两家的栅栏有个破损的洞,两只小猪崽可能是通过漏洞钻进李四家的牛棚中。当张三要求李四按市场价赔偿 400 元的两只猪崽款时,李四却称栅栏的漏洞是张三家的猪拱坏的,小猪也是自己跑到牛棚的,因此是"意外捡到"小猪崽,应该属于自己;何况自己没有过错,当时也确实只卖了 300 元,即使返还价款也只能按 300 元返还。

答疑解惑

本案争执的焦点是：如果猪圈和牛棚之间的栅栏确实是猪拱坏的，小猪跑到李四家的牛棚时，是否就变成李四的财产了？李四在将小猪卖掉后，是否应当返还张三价款，是返还所得的 300 元还是按市场价 400 元返还？这里就涉及不当得利引起的债权债务关系。

所谓不当得利，就是指没有法律上的根据，他人遭受损失而自己获得利益。因此，不当得利虽形成事实也不受法律保护，并随这一事实的出现在当事人之间形成相应的债权债务关系。这种因不当得利而产生的债称为不当得利之债。其中，取得不当利益的一方称为受益人，也叫债务人，负有返还他人利益的义务；受到损失的一方称为受害人，也叫债权人，有权请求受益人返还利益。

不当得利之债不同于合同之债，其法律后果不是根据当事人双方间的共同意思表示，而是法律为纠正不当得利的现象而直接赋予当事人的权利义务，其后果也不以当事人的意志为转移。不当得利可因各种原因发生，如甲对于其已清偿的欠乙的债务疏于注意又进行清偿，乙所受的第二次清偿，便构成非债清偿的不当得利；又如房屋租赁合同到期后，承租人未返还房屋给出租人，而是将其转租，由此获得的租金也构成不当得利。作为债的发生原因，不论其是因何原因造成的，只要发生不当得利的后果，就在当事人间产生不当得利之债。《民法通则》第 92 条规定，“没有合法根据，取得不当利益，造成他人损失的，应当将取得的不当利益返还受损失的人”。可见，不当得利之债的基本内容便是受损人可以请求对方返还不当得利。

受益人返还的不当利益，包括原物、原物所生的孳息（如母猪生下小猪崽）、原物的价金（如卖猪崽的价款）、使用原物所取得的利益。受益人返还义务的范围应视受益人在获利时是否知道“没有合法根据”而区别对待，具体有三种情况：(1)受益人在获利时不知“没有合法根据”，受益人是善意的。这种情况下，如果受害人的损失大于受益人取得的利益，受益人返还的利益仅以现存利益为限，如果受害人请求返还利益时该利益已经不存在了，则受益人无须承担返还义务（这里需要注意的是，现存利益并不是指受益人取得利益的原形，如果原形虽发生变化，但只要其财产价值仍然存在，仍须负返还现存财产价值的义务）。如果受益人获得的利益大于受损人的损失，受益人返还的利益范围以受损人受到的损失为准。(2)受益人获利时明知“没有合法根据”，受益人是恶意的。在此情形下，受益人应当返还其所取得的全部利益，即使其利益不存在，也应负责返还。若受益人所得到的利益少于受损人的损失时，受益人除返还其所取得的全部实际利益外，还须就其损失与得利的差额另行赔偿。(3)受益人在获利时不知，而后才知没有“合法根据”的利益返还，其返还原则是：以知道的时间为界，以前以及此后分别按照上述两种情况决定其返还利益的范围。

本案中，张三和李四是邻居，当张三的小猪崽跑到李四的牛棚里时，李四应当能想到是张三家的。因此，李四在“意外捡到”小猪崽时，是明知“没有合法根据”的，因此对于取得的全部利益负有返还义务。同时，由于李四按低于市场价的价格卖掉小猪崽，给张三造成了损失，因此李四在返还获得的利益（卖小猪崽的 300 元）外，还须赔偿市场差价（100 元）。最后，本案在村委会的调解下，李四返还了张三 400 元。

法律链接

《中华人民共和国民法通则》

第九十二条　没有合法根据，取得不当利益，造成他人损失的，应当将取得的不当利益返还受损失的人。

《最高人民法院关于贯彻执行〈中华人民共和国民法通则〉若干问题的意见》

131.返还的不当利益，应当包括原物和原物所生的孳息。利用不当得利所取得的其他利益，扣除劳务管理费用后，应当予以收缴。

64. 银行客户转错账户，该怎么讨回？

核心提示

存款人办理无卡存款，不慎存入他人账户，受益人应向受损人偿还其无合法根据取得的利益。

案情介绍

2008 年 7 月 4 日，胡某到中国农业银行某支行办理银行卡取存款业务。胡某从其银行账户中取款 200000 元，后填写了一份银行卡存款凭条，户名为林某，卡号为 622848071032390××××，存款金额为 200000 元，要求中国农业银行某支行将此笔款项转存入户名为林某的名下。后经核实，中国农业银行卡号为 622848071032390××××的开户名是王某。8 月 12 日，胡某向法院起诉，要求王某返还不当得利款 200000 元及按银行同期借款利率计付利息，中国农业银行某支行承担连带责任。

在庭审过程中，王某提供胡某向其书写的联系方式、收据、中国农业银行金穗借记卡明细对账单、王某与宋某的结婚证、移动电话缴费发票、2008 年 7 月宋某通话清单、个体工商户营业执照等证据，拟证明以下事实：王某与宋某系夫妻关系，两人从事服装加工业，王某与胡某之间存在服装买卖业务，2008 年 7 月 4 日胡某向王某汇款 200000 元系胡某要求王某提供羽绒服布匹，因此，王某收到胡某 200000 元汇款不应认定为不当得利。中国农业银行某支行提供重新修改后的《中国农业银行金穗借记卡章程》。该章程第 8 条规定，存款人进行无卡存款时，须出示本人有效身份证件，并准确填写持卡人的卡号和姓名，因存款人填写错误引起的资金损失由存款人承担；第 22 条规定，本章程由中国农业银行制定、修改和解释，向国家有关部门备案后执行。修改时将在相关营业场所公告，自公告之日起 30 日后生效，对双方产生约束力，持卡人不接受该修改，可在公告期间内办理销户手续。超过公告期间仍未办理销户手续的，视为持卡人接受本章程的修改。

法院经审理认为，本案中胡某通过无卡转账的方式汇款给案外人员林某是其真实意思表示，因胡某错误地填写了银行卡号，而农行某支行没有尽到对胡某填写信息是否准确，卡号和户名是否一致的谨慎审查义务，胡某与农行某支行均存在过错，最终导致款被汇到王某的银行卡中，王某占用该款项，没有合法根据，且在胡某追要时仍拒不返还，其行为符合不当得利的构成要件。王某提出其获得胡某的 200000 元是基于双方存在买卖合同关系，该行为不符合正常的交易习惯，其提供的证据不足以证明其主张，故该抗辩理由不予采信。胡某要求王某返还 200000 元的诉讼请求，有事实根据和法律依据，予以支持。但要求王某偿付利息的请求，因胡某亦存在过错，王某取得存款是善意的，故其要求王某支付资金被占用期间的利息的诉讼请求，不予支持。中国农业银行某支行在办理汇款业务时，将姓名与卡号不一致的信息发布出去，致使胡某产生经济损失，也应相应承担责任。故农行某支行根据其内部章程的免责规定提出的抗辩理由，于法无据，对胡某无约束力，故该抗辩理由不予采信。鉴于农行某支行存在过错行为，该行应当在王某不能履行的范围内承担 50％的补充民事责任。遂判决王某应当于本判决生效后 10 日内向胡某返还 200000 元；中国农业银行某支行应当对本判决第一项应当在王某不能履行的范围内承担 50％ 的补充责任；驳回胡某的其他诉讼请求。

答疑解惑

本案涉及民事法律一项重要制度，即不当得利。不当得利，是指无法律上的原因而受利益，致使他人受损失的事实。如售货时多收货款，拾得遗失物据为已有等。它既可以基于一方当事人的法律行为而发生，也可以基于自然事实而发生。一般来说，取得利益的人称受益人，遭受损害的人称受害人。不当得利的取得，不是由于受益人针对受害人而为的违法行为；而是由于受害人或第三人的疏忽、误解或过错所造成的。在发生不当得利情形后，受益人与受损人之间就产生不当得利之债，受益人应向受损人偿还其无合法根据取得的利益。本案是发生在银行与客户之间的不当得利，原告的请求能否得到全部支持、银行又该承担何种责任是争议较大的问题。

1. 原告的请求能否得到全部支持？

在不当得利案件中，受益人返还的不当利益，包括原物、原物所生的孳息（如母猪生下小猪崽）、原物的价金（如卖猪崽的价款）、使用原物所取得的利益。但在特殊情况下返还不当得利的范围也会所不同。那么如何认定受益人返还不当得利的范围，一般分为以下三种情况：(1)受益人为善意，即在取得利益时不知道没有合法根据其返还利益的范围以利益存在的部分为限，如果利益已经不存在，则不负返还义务。所谓现存部分，不应该只限于原物或原物的固有形态，如形态已改变，其财产价值仍存在或可代偿，仍属于尚存部分。因此，在受益人善意的情况下，受益者受领的孳息或使用利益，在某些情形下，一般无全部返还义务，如经受益者特殊经营能力而获取巨大收益时，也只需返还通常人一般可收取的平均利益。(2)受益人是恶意，即在取得利益时明知道没有合法根据，其返还利益的范围应是受益人取得利益时的数额，即使该利益在返还时已经减少甚至不复存在也不能免除其返还义务。(3)受益方在取得利益时为善意、嗣后为恶意的，其返还范围应以恶意开始时存在的利益为准。

本案被告王某获得 200000 元是基于胡某在填写汇款单时错误地把林某的银行卡号写成他人卡号，致使银行工作出现失误，因此胡某也有过错，而王某是善意的。王某又主张其与胡某的货款纠纷，该笔款项是基于双方存在买卖合同关系，用来给付货款的。因此，虽然没有充分的证据证实王某的主张，但也可以看出王某占有该款项是善意的。因此，对于原告胡某请求支付利息的请求，法院没有予以支持，而只判决归还本金。

2.银行该承担何种责任？

判断银行是否承担责任，主要是看银行在这起不当得利过程中，是否存在过错。从案情看，胡某在填写汇款单时错误地把林某的银行卡号写成他人卡号，这是原告胡某的过错。而银行方面是否有过错呢？答案是有的。因为银行在办理汇款业务时，有义务审查客户的姓名与卡号是否一致。如果发现不一致，要及时告知存款人或无卡存款人。而银行工作人员不尽审查义务，将姓名与卡号不一致的信息发布出去，致使胡某产生经济损失，因此也应相应承担责任。对于农行根据其内部章程的免责规定提出的抗辩理由，因为该章程只是内部规定，银行没有主动告知，持卡人并不知情，且该章程显失公平，故对持卡人不具有约束力。因此，法院鉴于农行存在过错行为，判决银行在王某不能履行的范围内承担50%的补充民事责任，也是可以的。

法律链接

《中华人民共和国民法通则》

第九十二条　没有合法根据，取得不当利益，造成他人损失的，应当将取得的不当利益返还受损失的人。

第一百零六条　公民、法人违反合同或者不履行其他义务的，应当承担民事责任。

公民、法人由于过错侵害国家的、集体的财产，侵害他人财产、人身的应当承担民事责任。

没有过错，但法律规定应当承担民事责任的，应当承担民事责任。

第一百三十条　二人以上共同侵权造成他人损害的，应当承担连带责任。

65. 银行转错金额，该向谁主张权利?

核心提示

客户在办理转账时，因银行失误多记入指定的第三方账户。银行是利益受损人，应当由第三人承担归还多记入其账户存款的义务。

案情介绍

李某系云南人，与广东省的陈某有业务往来。2004年2月27日，李某要给付湛江市的陈某油款25918元。上午9时40分左右，李某到中国农业银行某分行营业部办理无卡存款，户名为陈某，卡号955998062548487××××。但填写存款凭条时却错填为259180元，交付的款为25918元。工作人员收存款凭条后，审核、记账失误，错误地向李某指定的陈某的账户存入259180元，造成多记入233262元，并将交易(存款)额为259180元的银行卡业务回单交付存款人李某。当日下午李某发现后，当即叫会计余某向银行有关人员反映，银行工作人员对余某反映的情况没有予以注意、核实。农行营业部营业终了时发现记账失误，导致短款，经系统内查询，发现记账款项已被李某指定的陈某取走。而后，银行多次找李某和陈某催讨，但李某和陈某推卸责任，拒不还款。2005年4月1日，中国农业银行某分行向法院提起诉讼，要求李某返还不当得利。法院受理后，追加陈某为第三人参加诉讼。

在庭审过程中，农行认为：由于李某在办理存款时错填金额及银行工作人员审核、记账失误，使李某所欠债务被“溢价”清偿。在此情形下，李某不但获得了债务被清偿的利益，同时还获得向陈某请求返还的债权利益，李某应为法律上的不当得利获得者。因此，请求人民法院支持原告的合法主张。被告李某辩称：(1)我到原告处存款的事实过程是符合的，但不是我委托原告存款，而是陈某委托我办无卡存款手续；(2)多记存款 233262 元到陈某卡上，陈某是该款的不当得利者，我不存在任何不当得利；(3)当天办理存款后，我回家发现有错误当即要会计向银行有关人员反映，原告不理造成款项被陈某取走；(4)当天办理存款时，双方都确认款项是 25918 元，我还问业务人员为何手续费是 100 元，原告未予以注意；(5)陈某所使用的是中国农业银行的金穗借记卡，办理的是存款业务，这是典型的储蓄存款关系，而这一法律关系的主体是农行和持卡人陈某，因此，请求驳回原告的诉讼请求。第三人陈某未到庭参加诉讼。

法院经审理认为，没有合法根据，取得不当利益，造成他人损失的，应当将取得的不当利益返还受损失的人。本案农行的业务人员由于审核、记账失误，错误地将 25918 元记为 259180 元存在被告李某办理无卡存款指定的陈某的账户上，当日陈某即将多记入的 233262 元取走，致使原告遭受损失，农行是利益受损害者。在当日的存款行为中，谁是本案 233262 元的不当得利获得者呢？从当日的存款过程看，尽管李某在填写存款凭条中因笔误将金额填写为 259180 元，但此行为并不能必然导致 259180 元的款项进入陈某的账上，导致 259180 元的款项进入陈某账上的根本原因是由于农行办理业务的人员审核、记账失误造成。这从存款时李某已向农行办理业务的人员明示存款金额为 25918 元，且被告李某实际交付的现金及当时农行办理业务的会计、出纳清点复核后双方都确认的当时交易的现金款项是 25918 元可证实，而农行交付存款人李某的银行卡业务回单记录的金额为 259180 元。由于该笔存款的账户不是李某本人的，而是陈某的，从收到农行交付的银行卡业务回单时起，李某与其办理无卡存款业务所产生的结果即脱离关系，不能实际控制该笔款项。综上所述，李某不是本案 233262 元的不当得利获得者，真正的获利者是陈某，应由陈某承担返还不当得利的民事责任。故判决陈某应在判决生效之日起10日返还农行某分行233262元，驳回中国农业银行某分行对李某的诉讼请求。案件受理费6009元，由陈某负担。

答疑解惑

本案也是一起不当得利纠纷，但处理本起不当得利纠纷的关键是：谁是本案真正的受益人？只有找准了受益人，才能使受损人的合法权益得到保护。一般来说，不当得利区分为给付型不当得利与非给付型不当得利。给付型不当得利，是指受益人受领他人基于给付行为而移转的财产或利益，因欠缺给付目的而发生的不当得利。如甲对于其已清偿的欠乙的债务疏于注意又进行清偿，乙所受的第二次清偿，便构成非债清偿的不当得利。非给付型不当得利，是指基于给付以外的事由而发生的不当得利，包括人的行为、自然事件以及法律规定。如擅自在他人墙壁上张贴广告牌，未经他人同意使用他人的度假屋，甲池塘的鱼因天降暴雨冲入乙的池塘等。

本案中原告中国农业银行某分行的业务人员在办理无卡存款业务时，由于审核、记账失误，错误地将25918元记为259180元存在被告李某办理无卡存款指定的陈某的账户上，当日陈某即将多记入的233262元取走，致使原告遭受损失，农行是利益受损害者。这是典型的给付不当得利，多记入陈某账户的233262元自始欠缺给付目的，或者说欠缺给付原因，受益人应当返还该利益于受损人，这是毋庸置疑的。

那么，本案不当得利的受益人是李某还是陈某呢？仔细分析整个案件发生过程中所涉及的法律关系是解决这个问题的关键。云南的李某与广东的陈某存在买卖关系，在此买卖关系中，李某作为买方，负有给付卖方陈某所欠货款25918元的义务，也正因为存在给付原因，李某才到农行办理存款业务，将该款存入陈某账户，以履行该债务。而在办理此笔存款业务时，李某使用的并非是自己的存折或卡，也没有办理转账业务，从自己账户上划拨款项以履行其与陈某之间的债权债务关系，而是办理无卡存款业务，存入的款项是在陈某账户上，李某在其中的身份角色是陈某的代理人，该笔储蓄存款关系的双方当事人是中国农业银行某分行与陈某，无论存入多少款项，均成为陈某所获得的财产利益，陈某可以实际控制、支配该账户上的存款。李某作为该储蓄存款关系中的陈某的代理人，一旦存款关系成立，除非有陈某的授权，其根本就不能控制、支配该存款，因此，李某也就不存在受有利益。事实上，李某通过该储蓄关系清偿了对陈某的债务，从表面上看李某也受有利益，但该利益是李某自己交给农行25918元，对农行办理业务多存入账户的233262元未受领该利益，且该款已被陈某取走，陈某是该款的受领者。因此，即使李某欠陈某的款项不止25918元，农行多记入陈某账户的款项使李某的债务得以清偿，李某亦不是直接受益人，直接受益人仍是陈某，因为李某代理存入账户的仅是25918元，储蓄存款关系的一方仍是陈某，农行应当向陈某追索该款项，陈某返还款项后如果认为其与李某的债权债务未结清，则应当通过对双方买卖关系的处理向李某索要款项。

因此，中国农业银行某分行作为利益受损人，应当由受益人陈某承担归还多记入其账户的存款的义务，而李某不存在返还义务。

法律链接

《中华人民共和国民法通则》

第九十二条　没有合法根据，取得不当利益，造成他人损失的，应当将取得的不当利益返还受损失的人。

66. 恋爱分手后赠送的财物能否讨回?

核心提示

恋爱期间,一方向另一方赠送财物,后因双方没有结婚,可以产生不当得利之债,受益人应当将取得的财物返还给受害人。

案情介绍

2008年6月,徐某与陈某经吉安县玫瑰婚姻介绍所介绍相识后,双方确立了恋爱关系。7月1日陈某到徐某家,陈某回吉安时将徐某的金捷牌电动车骑走。该电动车于2007年12月7日购买,价值2100元。7月15日,陈某带其女友一起到徐某家,陈某在泰和国光超市老凤祥专柜看中一只金手镯,于是打电话给徐某。徐某到银行取3000元后立即赶到超市,为陈某买下这只重14.354克、价值3574元的金手镯。因超市当日举行购物返现金活动,该手镯返回现金175元,实付3399元,金手镯和信誉单一并给了陈某。之后,陈某又多次到徐某家,徐某均热情招待,并给陈某零花钱。自8月份后,徐某多次打电话给陈某,陈某均拒接,双方无法联系。后原告到吉安找到陈某,陈某要求徐某为其购买社会保险,而徐某认为社保可在双方登记结婚后再买亦可,但陈某不允。为此,双方没有继续往来,电动车和金手镯至今仍在陈某处。2008年11月,徐某起诉到法院,请求法院判决陈某退回徐某:(1)金捷牌电动车一辆,价值2100元;(2)金手镯一只,重14.354克,价值3399元;(3)现金1753元。

对于徐某的上述诉讼请求,陈某自有一番辩解,她认为:双方是通过吉安县玫瑰婚姻介绍所介绍相识，并确立了恋爱关系。第一次去徐某家是徐某选的日子，并住了两天，回来时因徐某未帮她买车票，所以将电动车给她，并让她骑走。而见面礼因为没有1000元，所以她没有收。第二次去徐某家，也是徐某多次打电话给她，她是和一个朋友一起去的，当时她提出要徐某帮她买一只手镯和办理社保，徐某说可以先买手镯，社保等办了结婚登记后再买。所以在泰和国光超市，徐某买了一只金手镯给她。现在是徐某反悔，并且这些东西不是彩礼，不同意返还徐某电动车、金手镯和现金。在诉讼过程中，徐某变更诉讼请求，放弃要求陈某返还现金1753元的请求。

法院经审理认为，原、被告双方经婚介所介绍相识恋爱，原告为增进双方感情，多次邀请被告到其家中玩，对被告热情招待，给予被告零花钱，现原告对已花费的现金不要求返还，未违反法律的规定，予以支持。在原告积极建立双方感情的同时，为了能尽快与被告结婚，原告将自己所有的电动车送给被告，并在被告要求购买金手镯时，原告为了满足被告要求，赶到超市为其付款，该赠与行为属附条件的赠与。之后因原告没有为其购买社保，被告断绝与原告继续交往。在原、被告双方交往仅一个多月的时间里，原告送给被告价值5000余元的物品，相对原告所在的经济欠发达地区，不属小额财物；相对无固定收入的原告，无疑属于贵重财物。在结婚目的无法实现的情况下，被告继续占有上述财物，没有法律上的依据，应当将财产返还原告。现原告要求被告返还金捷牌电动车一辆、金手镯一只，予以支持。被告认为这些财物不属于彩礼所以不予返还，没有法律依据，不予采信。故判决陈某应判决生效之日起5日内返还徐某金捷牌电动车一辆、老凤祥足金手镯一只(重量为14.354克)。

答疑解惑

本案也是一件典型的不当得利纠纷。要弄清本案的法律关系，要先清楚不当得利的成立要件。一般来说，构成不当得利应当具备以下条件：不当得利之债一般情况下必须具备以下四个条件：(1)必须是一方获得利益。这里的获得利益既包括财产的积极增加，也包括消极增加。财产的积极增加主要指取得所有权、债权以及获得占有等；财产的消极增加指财产本应减少而没有减少，例如本应支出的费用而没有支出，本应承担的债务而未承担等。(2)必须是他方受到损失。这里的损失也包括积极损失和消极损失。积极损失，是指现有财产利益的减少，即直接损失；消极损失，是指应当获得的利益而没有得到，即间接损失。(3)一方受益与他方受损之间必须有因果关系。他方的损失是因一方受益造成的，一方受益是他方受损的原因。(4)受益必须是没有合法根据，这是不当得利之债成立的一个非常重要的条件。如果一方受益、他方受损有着合法的原因，那么这种利益变化的结果受法律保护，就不存在不当得利问题。

本案中，徐某与陈某是经婚姻介绍所介绍相识。认识之后，徐某之所以送钱、送物给陈某，陈某之所以接受徐某的钱和物，都是以实现结婚为最终目的。后来，因徐某没有按照陈某的要求，为其购买社保，最后导致双方结婚目的无法实现。因此在本案中，徐某以不当得利为由起诉陈某是一种正确的选择。因为双方没有结婚，陈某从徐某处取得财物，造成徐某财产减少，由此在原、被告之间产生了不当得利之债。因此，陈某就应当将取得的财物返还给徐某。

法律链接

《中华人民共和国民法通则》

第九十二条　没有合法根据，取得不当利益，造成他人损失的，应当将取得的不当利益返还受损失的人。

八、无因管理

67. 代人还清贷款，如何讨回代偿款？

核心提示

在无因管理法律关系中，管理行为不仅包括保存、利用、改良等处分行为，而且包括为本人新取得权利或负担义务的行为。管理人有权要求受益人偿付其因负担义务而支付的必要费用。

案情介绍

黄某在某县城区开一家食杂店，食杂店边是某市剑南信用社。平时，信用社工作人员经常在黄某食杂店购买生活日用品，因此黄某与信用社工作人员关系密切。彭某是黄某的丈夫的远房亲戚。2005年3月，彭某在黄某介绍帮助下，在某市剑南信用社贷款20000元，期限3个月。之后彭某因与丈夫离婚，离开了借款所在地某市。借款到期后，信用社工作人员因找不到彭某，就找黄某，要求黄某帮忙找人和催讨欠款。黄某也一时找不到彭某，考虑到彭某是丈夫的远房亲戚，自己又与信用社工作人员比较熟，2005年7月和8月，黄某就分两次代彭某偿还该笔借款及利息，共计20266元。黄某代偿后，某市剑南信用社出具证明一份，证明系黄某代彭某归还了该笔借款，实际还款金额是20266元，其中利息266元。而后，黄某向彭某多次催讨无果，2006 年 5 月，向法院起诉，要求彭某归还代偿款。

法院经审理认为，彭某与某市剑南信用社为借贷合同关系，该合同关系中前者为债务人，后者为债权人。黄某在彭某离开借贷所在地后，为了彭某的利益，代其偿还了该笔借款及利息。此种情况下，彭某与某市剑南信用社的合同之债因他人的代为履行归于消灭。黄某自愿代彭某偿还前述借款及利息，彭某由此取得利益，两者之间形成无因管理之债。本案黄某作为无因管理人代为偿还贷款及利息，履行了其适当管理之义务，故依法可以请求被管理人（借款人）代位清偿。黄某诉请彭某偿还 20266 元，事实清楚，证据充分，于法有据，应予支持。遂判决彭某应在判决生效之日起 5 日内向黄某支付 20266 元；案件受理费 810 元，由彭某负担。

答疑解惑

本案涉及民事法律中一项重要制度，即无因管理。无因管理是指没有法定或约定的义务，为避免他人利益遭受损失，为他人管理事务的行为。在无因管理中，管理他人事务的人称管理人，被他人管理事务的人称本人。在无因管理引起的债权债务关系中，管理人是债权人，本人是债务人。

无因管理的构成，必须具备以下条件：(1)管理人实施了管理他人事务的行为。管理事务包含的范围是很广泛的，包括处理、管理、保存、修缮及提供各种服务和帮助等，只要是有利于避免他人损失，或有利于他人的行为，都属于管理他人事务的行为。(2)管理人主观上具有为他人利益而进行管理的意思。管理人意识到他是在为他人利益进行管理或服务，从管理或服务中最终所产生的利益，将属于他人，而非属于自己。当然，管理人通过事务的管理，而使管理人与本人都得到了利益，则可以就他人受益部分成立无因管理。需要注意的是，不能完全以客观上是否有利于本人为标准来确定管理人是否具有为他人利益而管理的意思。因为为他人利益而管理的意思是一种主观动机，而他人最终是否受利益则是一种客观结果，尽管两者具有密切联系,但客观结果并不能完全决定主观动机。如果要求管理人在实施管理活动中承担达不到某种效果的风险,将不利于鼓励无因管理这种助人行为。(3)管理人没有法定或约定的义务而为本人从事管理行为。管理人依约对于本人负有义务时,不能成立无因管理。如管理人与他人签有代理、雇用、承揽合同时,管理人与他人之间的法律关系,应依合同关系确定,管理人与他人不能构成无因管理关系。管理人对于本人依法负有义务时也不能成立无因管理。如父母对于未成年子女、监护人对于被监护人、消防队员的救火行为,虽然对其财产和人身进行了管理义务,但这些义务是法定的义务,他们之间的法律关系不能成立无因管理。

本案中,原告黄某作为无因管理人代为偿还贷款及利息,履行了其适当管理之义务,即首先,其未违背借款人本人的意思进行管理(还款),除非借款人本人根本无意还款,而该意图却与社会公德相冲突且违背民法确定的诚实信用原则,故即使在此情况下,管理人所管理的义务如是借款人应尽的法定义务,则不受其借款人意思的限制。其次,原告黄某作为管理人依有利于借款人的方法进行了管理(服务)。管理方法是否有利于借款人,应以客观上能否避免借款人利益受损失为标准。原告黄某代被告彭某清偿债务,客观上减少了其借款的利息之损失及信用损失,故原告黄某实际上进行了有利于被告彭某的管理。再次,原告黄某该无因管理行为是借款人彭某利益之所需。最后,原告黄某的代为还款行为没有法律根据或者合同的约定。原告黄某作为管理人在为被告彭某进行了无因管理事务之后,因该管理所负债务,依法可以请求被管理人(借款人)清偿。《民法通则》第 93 条规定,没有法定的或者约定的义务,为避免他人利益受损失进行管理或者服务的,有权要求受益人偿付由此而支付的必要费用。原告黄某为被告彭某代为清偿债务 20266 元,此即为原告黄某作为无因管理人为管理行为之所负债务(损失),故原告黄某诉请被告彭某偿还 20266 元,事实清楚,证据充分,于法有据,依法应予以支持。

法律链接

《中华人民共和国民法通则》

第九十三条　没有法定的或者约定的义务，为避免他人利益受损失进行管理或者服务的，有权要求受益人偿付由此而支付的必要费用。

第一百零八条　债务应当清偿。暂时无力偿还的，经债权人同意或者人民法院裁决，可以由债务人分期偿还。有能力偿还拒不偿还的，由人民法院判决强制偿还。

68. 保姆为老人代垫药费，能否讨回？

核心提示

没有法定或约定的义务，为避免他人利益遭受损失而管理他人事务的行为是无因管理，管理人有权要求受益人偿付由此而支付的必要费用。

案情介绍

郭某是一位年届70的退休职工，老伴已经去世，有一个儿子在天津工作，自己孤身一人待在福建老家。2004年6月至2006年4月间，曹某被郭某请去当保姆，每月工资500元。2005年4月25日，在郭某的要求下，曹某陪郭某外出散步。两人边聊边走，郭某不小心被一块小石绊倒，摔倒在地，致右股骨颈骨折，因急需做手术，身上又没有带钱，儿子又在在外地，俗话说“远水救不了近火”，于是，曹某就为郭某垫付医疗费。在住院期间，曹某共为郭某垫付了住院费22646元、挂号费9元、救护车费70元、护理费1230元，共计23955

元。郭某出院后，曹某多次找郭某催讨其垫付的医药费等费用，均未果。2006年6月，曹某向法院提起诉讼，请求判令郭某归还曹某垫付住院等钱款23955元。在法庭审理过程中，郭某辩称，对曹某代垫的住院费、挂号费、救护车费、护理费的数额无异议，但认为救助、帮助老人也是保姆的一项职责，既然是一种职责，自己已经支付了保姆工资，就不能再付其他报酬，况且自己的退休金有限，等儿子回家后再行给付。

法院经审理认为，没有法定的或者约定的义务，为避免他人利益受损失进行管理或者服务的，有权要求受益人偿付由此而支付的必要费用。曹某和郭某彼此之间不存在法律上的权利义务关系；在郭某住院治疗期间，曹某为郭某垫付了住院费、挂号费、救护车费、护理费等相关费用，曹某对郭某进行这些服务，既没有法律上的义务，也没有合同上的约定。故郭某应偿还曹某为其垫付的费用。遂判决郭某应于本判决生效之日起5日内返还曹某23955元。

答疑解惑

无因管理是民事法律一项重要的制度。法律上确立无因管理制度，对于保护公民的生命健康免受急迫危险侵害和保护国家、集体、公民的财产权益，避免、减少损害的发生，发扬见义勇为、助人为乐的社会主义道德风尚，促进精神文明建设，具有十分重要的意义。在日常生活中，无因管理的表现形式有很多，常见的有：见义勇为，下雨时帮不在家的邻居收稻谷等，通俗一点就是没有义务的助人行为。人与人之间需要互相帮助，倡扬和肯定社会互助的道德风尚是构建和谐社会的应有之义。同时，无因管理是因本人的利益可能要遭受损失的情况下，管理人虽没有法定或者约定义务而实施的管理行为，其管理行为不仅可以避免本人的利益遭受损失，也可以使社会整体利益免受损失，具有经济意义。因此，法律在无因管理的制度设计上肯定了管理人的管理行为的合法性，从而与侵权行为区别开来。并通过支付管理人因管理行为而支出的必要费用，形成权利义务的对等，体现了社会的公平性。

在无因管理中，管理他人事务的人称管理人，被他人管理事务的人称本人。通常管理人是债权人，本人是债务人。管理人的义务包括：(1)管理义务。在无因管理开始前，管理人对于他人的事务固然没有管理的义务，但一经开始管理，则管理人在本人或代管人接管以前负有继续管理的义务。(2)尊重本人意思和维护本人利益的义务。事务管理开始时，如能通知本人，应通知本人；如事情并非紧迫，应等待本人指示。管理人的通知义务以管理人能够通知为限，如不知道本人是谁，或不知道本人的联系方式等客观事由而不能通知的，则可免通知义务。本人无法通知的，或通知到了本人，而没有明确指示的，管理人仍应继续履行好管理义务，不得随意终止自己的管理行为。(3)权益转移义务。管理人因管理事务所取得的财产及其他权益的应转移给本人。

本人的义务包括：(1)支付管理人因管理事务而支出的合理费用。管理人为本人支出必要或有益的费用的，管理人有权请求偿还，本人必须支付管理人相应的费用。本人支付的费用，以必要或有益为限。(2)清偿管理人因管理事务负担的债务。管理人因管理事务而负担的债务，本人必须为之清偿。如管理人管理事务，是以本人的名义订立法律行为时，本人得承认该无权代理行为，使其法律效果归属本人，而免除管理人的债务。本人清偿的债务，也以必要或有益者为限。(3)赔偿管理人因管理事务所受的损失。管理人在为本人管理事务时，受到损害，包括人身损害和财产损害，可以向本人请求赔偿。例如，管理人为他人救火而受伤，住院治疗花费的医疗费，本人应为其进行赔偿。

本案曹某是为了郭某能得到医院的及时救助，替郭某代垫了医疗费等费用，而后因在自己代垫医疗费而遭受损失，未能与受益人郭某达成偿付协议，而引发的一起特殊的无因管理纠纷案。虽然曹某是郭某的保姆，但保姆的职责主要是照看孩子、照顾老人、看护病人、做饭、打扫卫生、清洗衣物等，其付出的是一种劳务，而不是负责郭某的生活费、救助费等各项费用。而且，曹某和郭某彼此之间不存在抚养、赡养等其他法律上的权利义务关系。在郭某住院治疗期间，曹某为郭某垫付了住院费、挂号费、救护车费、护理费等相关费用，对于这些服务，曹某既没有法律上的义务，也没有合同上的约定。因此，法院判决支持曹某某的诉讼请求。

法律链接

《中华人民共和国民法通则》

第九十三条　没有法定的或者约定的义务，为避免他人利益受损失进行管理或者服务的，有权要求受益人偿付由此而支付的必要费用。

第一百零八条　债务应当清偿。暂时无力偿还的，经债权人同意或者人民法院裁决，可以由债务人分期偿还。有能力偿还拒不偿还的，由人民法院判决强制偿还。

69. 做好事能否要求受益人支付费用和报酬？

核心提示

在无因管理法律关系中，管理人对本人的请求权仅限于必要的管理费用支出的补偿，而没有报酬请求权。

案情介绍

甲与乙是邻居，甲在村里种田，乙则全家外出打工。这年夏天，当地下起大雨，接连下了半个多月。由于乙家的房屋是泥草房，全家在外无人照料房子，雨水从破损的屋顶渗了下来，眼见乙家的墙壁随时可能倒塌，也危及甲的房子。在电话无法联系乙的情况下，甲将乙家中值钱的家具暂时搬到自己家中，并对乙家的墙壁进行了维护。乙回家后，甲向乙追讨所支付的维护费用 1200 元，并要求 500 元的报酬。不料，乙却称维护墙壁花费太高，违背了自己的意思，并认为甲之所以维修乙家墙壁，是因为害怕墙壁倒塌给甲造成危险才这么做的，此外在搬家具的过程中，由于电视被雨水溅到，造成电视故障，反而要求甲赔偿电视维修费 200 元。法院最终判令乙支付甲维护墙壁花费的 1200 元，甲无须承担造成的电视机损失，但也不能得到 500 元报酬。

答疑解惑

在现实生活中，人与人之间是彼此相依的，需要互相帮助。因此，法律一方面需要维护“干涉他人之事为违法”的原则，一方面又要在一定条件下，倡扬和肯定人类互助精神，追求社会之和谐，从而设定无因管理制度，规范人们行为。这也是法律上设置无因管理制度的重要原因。对于本案，焦点在于，甲在乙家的墙壁随时可能倒塌、可能危及两家财产时，是否需要征得乙同意才能对乙家的墙壁进行维护？甲是否能向乙要求支付维护费用和报酬？甲对搬运中损坏的电视机是否需要赔偿？

1. 是否征得同意？本案中，大雨造成乙家的墙壁随时可能倒塌，不仅危及自家的财产，也危及甲家的安全。甲出于安全考虑，在乙家中无人且无法联系到乙的情况下，对乙家的墙壁进行维护，即使有考虑自己的因素，也仍有为乙家照料的意思，这也可以从为乙搬家具看出。尽管甲在为乙搬家具时损坏了电视机，但不能据此否认其搬家具和维修墙壁的动机是旨在帮助乙，也不能认为甲的行为违反乙的意思。因此，甲的行为构成无因管理。此外，由于无因管理行为是一种受到法律鼓励的行为，从鼓励此种行为的角度出发，对管理人在从事管理活动中应尽的注意义务的要求不应太高。在一般情况下，管理人只要按照一个“善良管理人”所应尽的注意义务来处理管理事务，应认为其已履行了注意义务。管理人只要不具有恶意或者并非毫不顾及本人的利益，即使具有一般的过失，也不应认为其已构成侵权。因此,本案中虽然甲在搬运电视机时不慎被雨水溅到,但不能表明其未尽到一个善良管理人的义务,更不能表明其具有重大过失。因此,法庭认为甲的行为构成无因管理,甲有权要求乙支付因管理事务而支出的合理费用。

2. 是否支付维护费用和报酬？这涉及无因管理的损失范围问题。应当明确的是,无因管理之债中受益人所应承担的责任,既非赔偿责任,也非补偿责任,而是偿付责任。而且根据《中华人民共和国民法通则》第 93 条和《最高人民法院关于贯彻执行〈中华人民共和国民法通则〉若干问题的意见(试行)》第 132 条的规定,无因管理应偿付的损失范围为管理或者服务活动中直接支出的费用,以及在该活动中受到的实际损失。这里有必要指出的是,最高人民法院的《关于贯彻执行〈中华人民共和国民法通则〉若干问题的意见(试行)》第 132 条对“必要费用”已作了扩张解释,认为应包括在该活动中受到的实际损失,同时还需强调“实际损失”的“实际”两字。本案甲因照料乙家财产,并维护乙家的墙壁,由此直接支出的维护墙壁花费的 1200 元,符合法律上所规定的偿付范围,应当由乙偿付。而原告诉称的 500 元劳务报酬,不属于实际损失,故不应纳入被告偿付范围。因此,甲对乙的请求权仅限于对必要的管理费用支出的补偿,而没有报酬请求权。

3. 是否赔偿搬运中损坏的电视机？本案甲在搬家具的过程中,由于电视被雨水溅到,造成电视故障,乙为此花去电视维修费 200 元,要求甲赔偿。结合本案的具体情况,甲是在看到乙家的房屋是泥草房,全家在外无人照料房子,雨水从破损的屋顶渗了下来,墙壁随时可能倒塌的情况下,先将乙家中值钱的家具暂时搬到自己家中,再对乙家的墙壁进行了维护。在搬家具的过程中,虽然有一部电视机被雨淋到,造成故障,但甲作为管理人,是为了乙的利益而进行管理,因此他的管理行为,不仅可以避免乙的绝大多数财产遭受损失,而且也通过墙壁的维护,使其整幢房子得到保全。因此,不能因为管理人在从事管理和过程中的一点小过失,而赔偿本人的损失。

法律链接

《中华人民共和国民法通则》

第九十三条　没有法定的或者约定的义务，为避免他人利益受损失进行管理或者服务的，有权要求受益人偿付由此而支付的必要费用。

《最高人民法院关于贯彻执行〈中华人民共和国民法通则〉若干问题的意见》

132. 民法通则第九十三条规定的管理人或者服务人可以要求受益人偿付的必要费用，包括在管理或者服务活动中直接支出的费用，以及在该活动中受到的实际损失。

70. 为他人看管耕牛，如何讨要看管费？

核心提示

管理人因管理事务而负担的债务，受益人必须为之清偿。受益人清偿的债务，也以必要或有益者为限。

案情介绍

沈甲是住在福建省莆田市仙游县钟山镇的村民。2008 年 3 月 5 日下午天将黑时，沈甲从自留山上砍柴回来，经过同组村民沈乙的自留山时，听见山上有响动，于是他放下肩上的柴，循着响声寻去，一看是一头母水牛及一头小牛犊正在吃草，母牛的脖子上套有一个响铃。天已快黑了，而附近也没有人看管，他不知道是谁家走失的耕牛，即将两头牛赶回家，圈在自家的牛圈里。吃完晚饭后，他还特地到自家的草坪上挑了一担稻草回来给牛吃，又担了两桶水放在盆里给它们喝。但一个星期过去了，既没有人来认领，也没听说附近谁家里丢了耕牛。同组的人也都开玩笑说他财运来了，捡得两头牛。那几天他也沉浸在捡得耕牛的喜悦之中，因而对拾得的两头耕牛照顾得特别好。

7月20日中午，邻乡石苍乡村民陈某与沈甲所在村村主任来到沈甲家里。沈甲在问了陈某关于她丢失的牛的一些特征后，确认自己所拾得的两头耕牛是陈某所有。但沈甲认为，牛是他拾得的，按拾得归己的当地习俗，两头牛应归他所有。村主任告诉沈甲，牛是别人的要退给别人，但他照管了牛一段时间，也很辛苦，建议陈某补给沈甲“辛苦费”100元。但沈甲认为100元“辛苦费”太少，便开出条件，要不把小牛犊留下给他，要不给他500元辛苦费。陈某认为沈甲要价太高，因而不答应。8月18日，陈某一纸诉状将沈甲告上法庭，要求他返还两头耕牛。

法院经审理认为，沈甲拾得的两头耕牛属不当得利，按法律规定应返还给失主，但无因管理人沈甲对陈某的耕牛没有看管的义务，而为了使失主陈某的利益不遭受损失而对其耕牛进行管理，有权要求受益人陈某支付必要的费用。但受益人陈某在要求无因管理人沈甲返还耕牛而未返还致管理费用扩大的部分，沈甲应予以承担。遂依法判决沈甲返还陈某耕牛两头；陈某应支付沈甲看管费用300元。

答疑解惑

本案涉及两个民事法律问题，分别是不当得利与无因管理。不当得利，是指没有法律依据，因他人财产受到损失而获得利益。本案沈甲拾得的耕牛即为不当得利，因为他获得耕牛既没有法律依据，也没有合同约定。《民法通则》第92条规定：“没有合法根据，取得不当得利，造成他人损失的，应当将取得的不当利益返还给受损失的人。”因而沈甲应将拾得的两头耕牛返还给失主陈某。应当注意的是，返还不当得利应包括原物及原物所生孳息，如拾得一头母牛，在拾主看管期间，母牛生了一头小牛犊，则应将母牛与小牛犊一并返还，而不能只返还母牛。

无因管理是指没有法律规定或合同约定的义务，自动地为他人管理事务的作为。如为他人看管和饲养走失的牲畜，代替邻居交纳房租、水电费等都属无因管理。本案中，沈甲代陈某看管和饲养走失的耕牛，是一种无因管理行为，无因管理这一事实发生后，就在管理人沈甲和受益人陈某间产生权利义务关系。《民法通则》第93条规定："没有法定或者约定的义务，为避免他人利益受到损失进行管理或服务的，有权要求受益人偿付由此而支付的必要费用。"故陈某在要求沈甲返还耕牛的同时，应当向沈甲支付必要的管理费用。但无因管理行为中支出的必要费用以不超过受益范围为限，如走失的一头羊价值200元，就不能要求支付201元的管理费用。在本案中，还有一种情况，即沈甲在陈某要求返还耕牛时应将耕牛返还，然后要求她支付必要费用，如果陈某不肯支付必要的费用，也可依法解决，而不能以拾得的两头耕牛作为条件要求陈某支付费用。沈甲不肯返还耕牛，坚持自己看管，由此造成的不必要的管理费用，应自行负担。

在实际生活中，无因管理也可以转为不当得利，如某甲在打扫自己的猪圈时，发现多了一头猪，于是一边喂养，一边积极寻找失主，这种行为即是无因管理行为。如果某甲在没有找到失主后，将该猪出卖，所得款据为己有，就成为不当得利了。

法律链接

《中华人民共和国民法通则》

第九十二条　没有合法根据，取得不当利益，造成他人损失的，应当将取得的不当利益返还受损失的人。

第九十三条　没有法定的或者约定的义务，为避免他人利益受损失进行管理或者服务的，有权要求受益人偿付由此而支付的必要费用。

第一百零八条　债务应当清偿。暂时无力偿还的，经债权人同意或者人民法院裁决，可以由债务人分期偿还。有能力偿还拒不偿还的，由人民法院判决强制偿还。

九、其他常识

71. 还(hái)欠款和还(huán)欠款——哪个才是事实真相?

核心提示

法院在审理案件时“以事实为根据,以法律为准绳”。然而,这里的“事实”并非客观发生、不依赖人们的主观意志而改变的现实事实,而是依据证据按照法律规定来认定的事实。法院可能按照人们的日常习惯从法律规则来认定“发生的事实”。

案情介绍

甲与乙经常有生意往来,私交上关系也不错。2006 年,甲因资金周转需要向乙借款 10 万元。俗话说“亲兄弟明算账”,甲主动给某乙写了一张借据:“2006 年 3 月 26 日,甲借乙人民币 10 万元”。一个月后,甲归还乙 2 万元,并称不用乙书写收条,直接在原借条后面写清还款情况就好。乙也没有细想,便拿出原先甲所写的借据,甲在借据后面续写,“2006 年 4 月 28 日,甲还欠款 2 万元”。2006 年年底,乙要求甲归还剩余的 8 万元,甲却称自己之前已经归还了 8 万元,10 万元的借款只剩 2 万元。双方争执之下,乙向法院提起诉讼。

法庭上,双方各执一词。乙拿出了甲之前书写的借据,称借据上白纸黑字写着甲借乙 10 万元,而后面甲仅仅还款 2 万元,显然尚有

8万元未还。而甲辩称，当时双方在借据上写明的是，“甲还(hái)欠款2万元”，截止时间是“2006年4月28日”，而并非乙所称的“甲还(huán)欠款2万元”，因此只同意返还2万元。

答疑解惑

本案争议的焦点是：“甲还欠款2万元”中的“还”，可以读成(hái)也可以读成(huán)。前者的读法表示“甲尚有2万元未归还”的意思，而后者的读法表示“甲还给乙借款2万元，尚有8万元未归还”的意思。两者表示的意思截然不同，但都有一定的道理，法院应该相信谁的说法呢？又该如何认定事实真相呢？

在诉讼中，所争执的案件是发生在过去的某个时间，诉讼活动中的法官、律师都不可能亲眼目睹案件发生时的情形。即使某些当事人能够准确描述、回顾客观事实，法官和旁听者也未必会相信或采纳。因此，对法官来说，“经查明”和“本院认为”都是经“还原真相”和“实事求是”的复杂过程，而最终作出判断“查明”的“事实”也是法律事实。这个法律事实就是“以事实为根据，以法律为准绳”的“事实”，亦即法官按照法定程序和证据规则，根据当事人提交的证据材料，经过质证采信后，对案件事实所作的合理推断与认定，我们称之为法律拟制事实。这种合理推断与认定，是相对的，不是绝对的。推断、认定是否合理，大体上只能从法律程序上、从证据规则上进行判断，根据逻辑进行人为的取舍。此外，当事人提交的证据材料必须是具有合法性与真实性，符合证据规则，如果不符合规则，即使这些证据在客观事实上证明了待证事宜，当事人的主张也不能被采信而作为法律事实。

因此，一个案件事实的客观性与法律事实之间是有距离的，而法官就是根据法律和规则尽量缩小这一距离，使之接近客观事实，这也是诉讼目的。而当事人所要做的，就是提供证据以证明自己提出的主张。本案中，甲主张自己已经还了8万元，因此甲就必须要证明，借据所表达的意思不是“还(huán)欠款2万元”，而是“还(hái)欠款

2 万元”。而甲除了自己的口头陈述外，并没有证据可以证实“还”字在此情景中的确切读音。同时，“2006 年 4 月 28 日，甲还欠款 2 万元”如果要理解成甲所称的“还(hái)欠款 2 万元”，从字据的结构格式上不符合通常习惯。因为如果要读成“还(hái)”，借据应当加上“截至”，从而变为“截至 2006 年 4 月 28 日，甲还欠款 2 万元”。在没有其他证据可以佐证的情况下，法院依照书写习惯和举证责任，对“还”这个多音字通常都会采纳对书写字据的当事人不利的一种解释。最终，法院以甲不符合书写习惯和不能举证为由，认定甲归还给乙的借款数额是 2 万元，而不是 8 万元。

汉字的一字多解有时会引起歧义，这种情况发生到诉讼中就会使案件事实处于“真假难辨”的状态。法官的判决只能是在有限的时空下对过去事实的一种复原，而这种复原由于受主、客观条件的限制，只能依靠证据求法律上而不是事实上的真实。对某一具体当事人来说，法律真实与客观真实可能是不一致的，但是对全社会来说，法律真实是最接近客观真实的，这也正是证据规则确立法律真实的目的。本案中如果甲用“2006 年 4 月 28 日，甲归还欠款××元”等意思明确的词进行表述，就不会产生歧义。这也对疏忽的当事人敲了个警钟，当事人切记在经济交往中要增强防范纠纷的法律意识。

法律链接

《中华人民共和国合同法》

第四十一条　对格式条款的理解发生争议的，应当按照通常理解予以解释。对格式条款有两种以上解释的，应当作出不利于提供格式条款一方的解释。格式条款和非格式条款不一致的，应当采用非格式条款。

第一百二十五条　当事人对合同条款的理解有争议的，应当按照合同所使用的词句、合同的有关条款、合同的目的、交易习惯以及诚实信用原则，确定该条款的真实意思。

《中华人民共和国民事诉讼法》

第六十四条　当事人对自己的主张,有责任提供证据。

72. 借条、欠条、收条之间到底有什么区别?

核心提示

借条、欠条、收条是三种民间借贷中常用的字据,但三者代表着不同的法律关系,其发生的法律后果也是不同的。

案情介绍

关某打算购买一台拖拉机,利用农闲时间跑点运输,便向隔壁邻居夏某借款6000元,说是过两个月就还。由于二人是邻居,夏某便没有要求关某写字据。谁知三个多月过去了,关某还没有还款的意思,夏某便找上门了,关某却称最近手头紧,要求再过段时间。在夏某的要求下,关某写了张字据,内容为"收条:今收到夏某人民币6000元",落款为"收款人:关某"。一转眼就到过年了,当夏某再次提到还款时,关某居然不承认借款一事,这可把夏某气坏了。一过完年,夏某就把关某告到法院,并向法院出示了关某的字据。不料关某却称这6000元是夏某原先欠他的,字据是夏某归还欠款时出具的而已。

答疑解惑

本案争执的焦点是:根据关某向夏某出具的"收条"能否认定二人间的债权债务关系,即能否通过字据上关某"收到"夏某的6000元钱得出关某欠夏某未还的事实。这里，就应该区分借条、欠条、收条这三种常见字据，三者虽然仅有一字之差，但法律含义却存在较大差异。

“借条”是民间借贷行为发生时最为常见的书面文件，一般借款时借款人应出具“借条”，以证明借款行为发生的事实；借款归还后，打条人收回借条，予以作废或撕毁。借条是基于借贷关系而形成的，代表的是债权债务法律关系。《民法通则》第90条规定，“合法的借贷关系受法律保护”；而“驴打滚”、“利滚利”等高利贷行为以及企业间的有息借贷行为因违反法律、法规的禁止性规定，所形成的“借款”是无效民事行为，其借条不能成为权利主体主张权利的凭证。

“欠条”也是欠款的意思表示，这一点上与“借条”并没有区别。但是“借条”发生债权债务的原因就是借款，表明债权关系是因为借贷而形成；而“欠条”则无法表明债权关系形成的真正原因，其可以基于多种事实产生，如劳务、买卖、赊销等交易活动，甚至可能是欠赌债等。欠条载明的权利能否受法律保护，关键是看交易行为是否符合法律、法规的规定，违背国家禁止性规定从事的交易行为无效，例如赌博负债形成的欠条依法不能成为权利主体主张权利的凭证。可见，借款肯定是欠款，但欠款不一定是借款。因此，借条持有人凭借条向法院起诉时，由于借条本身即可认定当事人之间存在的借款事实，借条持有人一般不需要提供其他证据佐证，除非对方有证据证明该借条是在受胁迫的情况下写的。而凭欠条向法院起诉时，欠条持有人必须向法官陈述欠条形成的原因，即因何欠钱，如果对方否认，欠条持有人还必须进一步证明欠条形成的事实，同时法院还应查明所形成的债是否合法，赌债等非法之债是不受法律保护的。

“收条”则表示截然不同的意思。“收条”只表示是某方收到某方的钱，比如收到借款、收到还款，其仅仅有“收到款项”的含义，并不代表收款人欠交款人的钱。实践中多种情况下均会产生收条，如借贷、买卖、赔偿等，单凭其本身不能证明债权债务关系的存在，需要其他证据相佐证才能证明事实，持有收条的一方是无权单凭收条要求对方支付收条项下的款项的。

基于三种字据含义的不同，本案中法院认为：夏某提供的证据为“收条”，该“收条”内容上并无借款的意思表示，被告亦不认可有向原告借款，因此原告以此主张借贷关系和债权证据不足，不予支持。

三种“条”除了上述在含义上的区别外，虽然借条和欠条的诉讼时效都是两年，但在起算时间上完全不同。对于借条而言：如果借条上有约定还款时间，时效从还款时间届满时起算两年；如果借条上没有约定还款时间，在 20 年最长诉讼时效内，出借人可以随时向借款人要求还款，诉讼时效期间从出借人主张权利之时开始计算两年，权利人再次主张权利的，适用诉讼时效中断的规定。而对于欠条而言：注明了还款期限的欠条，诉讼时效期间从注明的还款期限届满时开始计算为两年；没有注明还款期限的欠条，诉讼时效期间从出具欠条次日起计算两年的诉讼时效期间。

下面提供借条和欠条的范例以及书写借条（欠条、收条）时应当注意的事项：

借条（范例）

今借到×××人民币×××元（大写）整，×年×月×日前还清。

借款人（签名）：×××（身份证号：××××）

×年×月×日

欠条（范例）

因×××（欠款原因），截止至×年×月×日，本人尚欠人民币×××元（大写），于×年×月×日前还清。特立此据！

欠款人：×××（身份证号：××××）

×年×月×日

通过范例可以看到，借条的基本要素包括：借款内容（即借款数额、币种等）、出借人姓名、借款人姓名及借款人签字、借款的日期。同时，还可增加以下内容：(1)借款人身份信息。实践中经常出现借款人有曾用名或别名的情况，为了避免不必要的麻烦，应当要求对方提供身份证复印件并核对借款人的签名与身份证是否一致。同时要明确借款人是个人还是企业，如果是个人要本人亲自签字；如果是企业，应该由企业加盖公章，并且由企业的法定代表人或负责人或其他得到授权的人签字。(2)利息。借款既可约定利息，也可不约定利息。《合同法》规定：自然人之间的借款合同对利息没有约定或约定不明确的，视为不支付利息。依照相关法律规定，民间借贷的利率可以适当高于银行利率，但最高不得超过银行同期贷款利率的四倍（包含利率本数），超出此限度的，超出部分的利息不予保护，而且，出借人不得将利息计入本金谋取高利，若是将利息计入本金计算复利的，其利率超出前述四倍限度时，超出部分的利息不予保护。

此外，应当注意的是：(1)借条应由借款人在出借人面前亲笔书写并签字。如果只有签字是借款人所写，其他内容是出借人或他人所写，借条又由出借人持有，一旦出借人在借条中增加、更改一些内容，很难判断是否是后来增加或更改的。且只有签字是借款人所写的话，借款人在签字时写得不清楚或故意做手脚，事后借款人不承认签字为其所写，要通过鉴定来确认签字时，两三个字有时很难准确判断是否借款人所签。而如果借条不是借款人在出借人面前书写并签字的，可能存在借款人让别人代写的情况，届时借款人如果不承认借条，出借人将面临败诉的后果。(2)还款时，要记着索回欠条、借条，并检查字据是否是当初自己所写的，特别注意看好是否为原件，并收好销毁。如果债权人以临时找不到、丢失等理由无法归还借条（欠条），还款人应要求债权人出具还款证明如收条等，明确原借条（欠条）的基本内容，并确认现还款数额、时间，并注明目前债务状况［“至此双方债权债务结清”“之前借条（欠条）作废”］，以免日后留下隐患。

73. 非法集资与民间借贷有什么区别？

核心提示

随着我国改革开放政策的推行和深入，公民手头现金和储蓄存款也越来越多。一些个人和公司、企业为了发展生产或扩大经营，千方百计、想方设法募集资金，有的进而发展到违反国家金融法规，擅自吸收公众资金或变相吸收公众资金，进行非法集资活动，因此在借贷时应当严格区分民间借贷与非法集资，以保护自己的利益。

案情介绍

郭某原是一名普通镇干部，2004 年以后就辞职下海。之后两年春节回来都是开着豪华商务车，全身名牌穿戴，豪爽地请镇里原来的同事吃饭。镇里纷纷传言郭某在外面做外贸，与美国和欧洲等很多国家有业务往来。这年春节，郭某声称他的公司准备上市，想带乡亲们共同致富，向村民们借款，月息 6 分（月利率 6%）。齐某心里一合计，这可是高额回报啊，投资在短短的一年半内就可以翻一番了。齐某四处打听，邻村已经有不少人“投资”了，而且郭某都采取个人出具借条或签订借款协议等形式，“手续”完整。于是齐某把自己多年打工存的 6 万元借给了郭某。不料才过 4 个月，郭某就被警方逮捕了。警方经多方调查取证后，证实郭某在两年多时间内，先后向齐某等

53 户社会不特定公众非法吸收存款共计 2160 万元，其中除 620 万以月息 1 角(月利率 10%)的高息转借他人外，其余款项均被其用于个人开支、归还到期本金和支付高额利息等。至案发时止，尚有1820.6万元未归还。最后，郭某因非法吸收公众存款进了监狱，而齐某的 6 万元血汗钱也仅仅追回 2 万余元。

答疑解惑

近年来，随着我国社会主义市场经济的发展，民间资金流动频繁，这里面包括正常合法的民间借贷和非法集资。因此，区分这两种借贷十分重要。

民间借贷是指自然人之间、自然人与法人之间、自然人与其他组织之间借贷。行为人如果具有完全民事行为能力(年满 18 周岁，且不存在足以影响自身行为的精神疾病的情形)，意思表示真实，借款合同符合法律、行政法规规定，则该借款完全受到法律法规的保护。民间借贷是民间资本的一种投资、融资渠道，作为银行金融的有效补充已逐渐成为民间金融的一种重要形式。人民法院审理借贷案件，按照自愿、互利、公平、合法的原则，保护债权人和债务人的合法权益。但是，民间借贷中也必须遵循一些特殊的法律规定，如借款利率不得超过中国人民银行公布的同期贷款基准利率的 4 倍。至于自然人之间的关系、通过何种形式或者平台进行借贷，法律并没有规定。

而非法集资是指公司、企业、个人或其他组织未经批准，违反法律、法规，通过不正当的渠道，向社会公众或者集体募集资金的行为。非法集资行为破坏了国家的金融管理秩序，损害了投资者的利益，危及社会稳定，因此有必要予以打击。目前我国刑法规定了四种非法集资类的犯罪，它们分别是非法吸收公众存款罪、集资诈骗罪、欺诈发行股票、债券罪和擅自发行股票、公司、企业债券罪。非法集资具有以下特征：(1)未经有关监管部门依法批准，违规向社会(尤其是向不特定对象)筹集资金。如未经批准吸收社会资金，未经批准公开、非公开发行股票、债券等。(2)承诺在一定期限内给予出资人货币、实物、股权等形式的投资回报。有的犯罪分子以提供种苗等形式吸收资金,承诺以收购或包销产品等方式支付回报;有的则以商品销售的方式吸收资金,以承诺返租、回购、转让等方式给予回报。(3)以合法形式掩盖非法集资目的。为掩饰其非法目的,犯罪分子往往与受害者签订合同,伪装成正常的生产经营活动,以实现其骗取资金的最终目的。

非法集资与合法民间借贷具有以下区别:(1)借贷的目的不同。民间借贷主要是生活原因或是生产经营所需短期的借贷行为;而非法集资是以逃避法律和金融监管的违法形式进行的一种资本的运作,很多时候并没有正常的生产经营活动。非法集资者骗取群众资金后,往往大肆挥霍或迅速转移、隐匿,使受害者(多数是下岗工人、离退休人员)损失惨重。(2)借款的针对对象不同。民间借贷主要为"一对一"的借款模式,行为指向特定的对象。即使在一个借款人向多数人借款的情况下,每一笔借款也都是独立存在的。而非法集资的集资对象却是指向不特定的多数人。行为人面向社会的不特定对象发放吸收存款的公告,或是通过其他的方式使社会不特定对象知道其吸收存款的消息。即使有时只吸收了为数不多的几个对象的存款,但如果主要是针对不特定人的,其吸收的存款数额或造成的危害结果又达到了法律规定的犯罪标准,那么也构成非法吸收公众存款罪。(3)法律后果不同。民间借贷是一种典型的民事行为,债权债务关系受法律保护,如果当事人合法债权受到侵害,可以依据民法、合同法主张权利;而非法集资违反了我国刑法和行政法规,法律对非法集资者将采取严厉制裁,集资对象的资金也得不到保障。

在非法集资中,集资者往往无法按约定对集资对象进行清退,导致集资对象起诉集资者要求清退的纠纷。根据最高人民法院1998年11月23日发布的《关于当前经济审判工作应当注意的几个问题》的规定:"对于未经依法批准,向社会不特定对象进行的乱集资活动而引发的纠纷,特别是对其中因非法集资活动而引起的纠纷,一般应由有关部门处理"。所以,除少数例外,法院在现阶段一般不受理非法集资清退纠纷案件。对于该类案件进入审理阶段的，认定非法集资合同无效，非法集资利润不支持，有过错的担保人承担赔偿责任。同时，如经人民法院执行，集资者及担保人仍不能清退集资款，参与者应自行承担损失，而不能要求有关政府部门代偿。

法律链接

《中华人民共和国合同法》

第二百一十一条　自然人之间的借款合同约定支付利息的，借款的利率不得违反国家有关限制借款利率的规定。

《最高人民法院关于人民法院审理借贷案件的若干意见》

第六条　民间借贷的利息可适当高于银行利率，但最高不得超过同期银行贷款利率的四倍，超出部分的利息法律不予保护。

第十一条　出借人明知借款人是为了进行非法活动而借款的，其借贷关系不予保护。

《非法金融机构和非法金融业务活动取缔办法》

第四条　本办法所称非法金融业务活动，是指未经中国人民银行批准，擅自从事的下列活动：

(一)非法吸收公众存款或者变相吸收公众存款；

(二)非经依法批准，以任何名义向社会不特定对象进行的非法集资；

(三)非法发放贷款、办理结算、票据贴现、资金拆借、信托投资、金融租赁、融资担保、外汇买卖；

(四)中国人民银行认定的其他非法金融业务活动。

前款所称非法吸收公众存款，是指未经中国人民银行批准，向社会不特定对象吸收资金，出具凭证，承诺在一定期限内还本付息的活动；所称变相吸收公众存款，是指未经中国人民银行批准，不以吸收公众存款的名义，向社会不特定对象吸收资金，但承诺履行的义务与吸收公众存款性质相同的活动。

第十八条　因参与非法金融业务活动受到的损失，由参与者自行承担。

第二十二条　设立非法金融机构或者从事非法金融业务活动，构成犯罪的，依法追究刑事责任；尚不构成犯罪的，由中国人民银行没收非法所得，并处非法所得1倍以上5倍以下的罚款；没有非法所得的，处10万元以上50万元以下的罚款。

《刑法》第192条规定了集资诈骗罪、第179条规定了擅自发行股票、公司、企业债券罪、第176条规定了非法吸收公众存款罪、第225条规定了非法经营罪。

图书在版编目(CIP)数据

农村债务问题法律小帮手/黄志强主编. —厦门:厦门大学出版社,2010.5
(农村法律小帮手系列)
ISBN 978-7-5615-3550-9

Ⅰ.农…　Ⅱ.黄…　Ⅲ.债务纠纷-处理-法律-基本知识-中国
Ⅳ.D923.3

中国版本图书馆 CIP 数据核字(2010)第 073811 号

厦门大学出版社出版发行
(地址:厦门市软件园二期望海路 39 号　邮编:361008)
http://www.xmupress.com
xmup @ public.xm.fj.cn
三明市华光印务有限公司印刷
2010 年 8 月第 1 版　2010 年 8 月第 1 次印刷
开本:889×1194　1/32　印张:7.75
字数:208 千字　印数:1 ～5 000 册
定价:20.00 元